작은 꿈을 꾸라

Dream Small: The Secret Power of the Ordinary Christian Life
by Seth Lewis

Copyright ⓒ Seth Lewis, 2022
Originally published by The Good Book Company
www.thegoodbook.com
All rights reserved.

This Korean Edition ⓒ Word of Life Press, Seoul, 2024
Translated and published by permission.
Cover ⓒ The Good Book Company. Design by Drew McCall.
Printed in Korea.

작은 꿈을 꾸라
ⓒ 생명의말씀사 2024

2024년 7월 29일 1판 1쇄 발행

펴낸이 | 김창영
펴낸곳 | 생명의말씀사

등록 | 1962. 1. 10. No.300-1962-1
주소 | 서울시 종로구 경희궁1길 6 (03176)
전화 | 02)738-6555(본사) · 02)3159-7979(영업)
팩스 | 02)739-3824(본사) · 080-022-8585(영업)

기획편집 | 유영란, 허윤희
디자인 | 김혜진
인쇄 | 영진문원
제본 | 보경문화사

ISBN 978-89-04-16890-3 (03230)

저작권자의 허락 없이 이 책의 일부 또는 전체를
무단 복제, 전재, 발췌하면 저작권법에 의해 처벌을 받습니다.

평범한 크리스천 라이프의 비밀스러운 힘

작은 꿈을 꾸라

추천사

1장을 읽을 때부터 이 책에 푹 빠져서 마지막 장을 읽을 때쯤엔
작은 꿈을 꾸라는 도전을 받아들이지 않을 수 없었다.
당신도 나와 함께 작은 꿈을 꾸지 않겠는가?

알리스테어 벡, 파크사이드교회 담임목사, 생명의진리 성경 교사, 『더 큰 기도를 하라』,
『봄날 말씀 묵상』, 『여름날 말씀 묵상』, 『가을날 말씀 묵상』, 『겨울날 말씀 묵상』 저자

신선하고 활기차고 자유롭다.
이 책이 큰 것의 우상에 갇힌 우리 모두에게 축복이 되기를!

크리스토퍼 애쉬, 틴데일하우스 입주 작가, 『분노』 저자

이 책은 우리 시대에 필요한 해독제이다. 저자는 위대한 삶이란 신실한
삶이라는 것을 상기시킴으로써 우리가 다시금 중심을 잡을 수 있게
해 준다. 이 책을 읽는 것은 당신을 선하고 아름답고 참된
방향으로 이끄는 좋은 친구와 함께 오후 시간을 보내는 것과 같다.
저자의 문체와 이야기도 마음에 들지만, 무엇보다도 작은 일에
충실하고, 하나님과 이웃을 사랑하며, 작은 꿈을 꾸는 데서 얻는
자유를 발견하라는 권유가 마음에 든다. 만약 당신이 '내가 지금
잘 살고 있는 걸까?'라는 생각을 한 적이 있다면,
이 책을 읽어 볼 것을 권한다.

젠 오쉬만, *Enough About Me*, *Cultural Counterfeits*, *Welcome* 저자

겸손하고 지혜롭고 통찰력이 있으며 지극히 개인적인 이 책은
인생의 복합적인 문제들에 대해 복음에 기초한 건전한 해답을 주는
훌륭한 안내서이다.
J. 마이클 시그펜, 피닉스신학대학교 총장

저자의 이 자그마한 책은 궁극적으로 우리를 지으시고
우리에게 모든 힘을 주시는 하나님이 생각하시는
가장 중요한 가치가 무엇인지를 상기시켜 준다.
어떤 면에서는 쉽게 읽히는 책이지만,
이 책을 통해 성령님이 하시는 말씀에 귀 기울이고자 한다면
결코 쉽지 않은 여정이 될 것이다. 이 책은 교회 안에서조차
반(反)-문화적이 될 것을 요구하기 때문이다.
마이클 A. G. 헤이킨, 남침례신학대학교 앤드루풀러침례신학연구소 소장

이 자그마한 책은 하나님의 이야기라는 밭에
'일상의 평범한 것들 속에서 자라나는 겨자씨 같은 천국'을
감추어 둔 진정한 영웅의 평범한 협력자가 되는 기쁨을
맛보게 해 준다. 우리가 간과해 온 위대함으로 가득한 이 책은
매우 흥미롭고 도전적이다.
소테리아 톰프슨, 시각예술가

꿈이 실현될 때 우리는 깊고도 지속적인 만족을 느낀다.
그 꿈이 우리를 위한 그리스도의 꿈이기만 하다면 말이다.
이 책은 우리의 자아나 교육, 문화가 우리에게 강요하는 것 대신,
우리를 위한 하나님의 목적을 향해 우리의 삶과 소망을
재정비할 기회를 제공한다.
존 힌들리, Serving without Sinking, Refreshed 저자

이 책은 지속적인 기쁨을 가져다주고 궁극적으로는 하나님을
영화롭게 하는 것들을 마지못해 받아들이는 게 아니라,
적극적으로 추구할 것을 권한다. 삶이 불만족스럽다면 이 자그마한
책을 통해 자신을 돌아보고 다시금 하나님께 초점을 맞추도록 하자.
더스틴 벤지, 남침례신학대학교 교수, The Loveliest Place: The Beauty and Glory of the Church 저자

크고 화려한 것들이 각광 받는 시대에 이 책은 우리를
평범한 가치들의 놀라운 반전으로 이끈다. 기독교적 상상력과
성경에 기초한 방식으로 저자는 꿈과 우선순위들을
다시 살펴보자고 말한다. 인생의 의미와 예수 그리스도의 제자가
된다는 것의 참된 의미를 생각해 보도록 하는 좋은 책이다.
에드윈 유어트, 아일랜드침례신학대학교 학장

저자는 성경에서 정의하는 진정한 성공에 대해 생각해 보는 데
많은 도움이 되는 책을 써냈다.
이 책을 읽고 나서 날마다 성실하게 행하는
일상의 소소한 것들의 가치를 더 잘 인식하게 되고,
하나님으로부터 멀리 떨어져
세상의 기준대로 꿈을 이루고자 애쓰는 것을 경계하게 되었다.

매트 풀러, 그리스도교회 담임목사, *Be True to Yourself* 저자

레스토랑 냅킨에 내 아이디어들을
책의 장별 제목으로 적어 보임으로써
대학 시절 내 마음속에 이 책의 씨앗을 심어 준
할아버지 로버트 피치에게.

그리고 그 씨앗에서 자라난 새싹에
물을 주고 잡초를 뽑아
내가 상상도 하지 못한 방식으로 꽃피우게 한 아내에게.
사랑해요, 여보.

CONTENTS

추천사 4

01 우리에게 필요한 작은 꿈　　　　　　　　　　　　15

위대함이 가장 큰 목표인가? | 더 큰 꿈이 아니라 더 나은 꿈을 꾸라
조용한 삶을 살고자 하는 야망을 가지라

02 우리가 살아가는 작은 세상　　　　　　　　　　　31

센티미터로 위대함을 측정하는 법 | 우주 안의 티끌 하나, 그 위의 작은 우리
티끌의 왜소함 | 티끌의 가치와 의미

03 크기는 중요하지 않다　　　　　　　　　　　　　51

하나님과 동행하도록 지음받다 | 아담과 하와의 불순종
작고 죄 된 인간과 그런 인간을 여전히 귀히 여기시는 하나님

04 작은 우리는 하나님의 위대한 이야기 속에 있다　69

더 큰 이야기 | 하나님의 이야기 속에 있는 당신의 자리를 찾으라
문지기와 왕

05 예수님의 거꾸로 놓인 사다리   87

낮은 데로 임하신 예수님 | 확신 가운데 낮아지시다
낮아지사 영광에 이르시다 | 사다리 바로 놓기

06 하나님의 기준으로 살아가기   105

결말을 알고 살기 | 나는 지극히 작은 자다 | 주변의 필요에 눈뜨기

07 하나님이 바라시는 꿈   123

당신의 꿈은 어디에 기초하고 있는가?
재물이 많은 젊은 관리도 작은 꿈을 꿀 수 있다 | 꿈의 방향

08 작은 꿈에 헌신하기   141

더하기와 빼기 | 스케줄 | 재능 | '해야 할 일'의 목록 | 수고

09 작은 꿈의 큰 상급   161

보물의 발견 | 자유의 발견 | 작은 꿈을 꾸라

01

DREAM SMALL

우리에게 필요한 작은 꿈

위대함이 가장 큰 목표인가?
더 큰 꿈이 아니라 더 나은 꿈을 꾸라
조용한 삶을 살고자 하는 야망을 가지라

또 너희에게 명한 것 같이
조용히 자기 일을 하고
너희 손으로 일하기를 힘쓰라 (살전 4:11).

"어린아이들을 잊지 말아요. 나중에 점수 계산할 때 중요한 변수로 작용할 수 있으니까."

아내가 말했다.

"그럴게. 하지만 어린아이들로는 부족할 것 같은데? 당신한테는 더 좋은 직업이 있으니까 당신 점수가 더 높을 거야. 결국 '인생게임'(The Game of Life)에서 중요한 건 그거니까."

나는 인생게임에서 이겨 본 적이 없다. 우리 집에서는 종종 저녁때 모여 보드게임을 했는데, 내게는 큰돈을 버는 직업인 영화배우 카드가 들어온 적이 없다. 따라서 나중에 분홍색과 하늘색 핀들을 돈으로 바꾸면 그 액수가 얼마 안 되었다. 인생게임은 결국 온통 돈에 관한 게임이다.

그렇다고 해즈브로사(社)를 탓할 일은 아니다. 그들에게는 인생을 모델로 한 이 보드게임에서 승자를 가릴 방법이 필요했다. 그들은 승패를 가리는 기준으로 돈을 선택했고, 이는 이 게임의 모든 것, 심지어 어린아이조차도 화폐 가치로 환산됨을 의미한다(인생게임 말은 자동차 모형이다. 아이가 생기면 말에 태우고 가는데, 아이의 숫자가 많을수록 점수가 높아진다-편집자 주). 이 게임의 승자는 가장 많은 돈을 벌어서 은퇴하는 사람이다. 재미로 하는 게임이지만, 이에 적용되는 논리를 이해하는 데 어려움이 없다. 왜냐하면 실제 인생에서도 많은 사람이 같은 규칙을 따르고 있기 때문이다.

어쨌든 우리는 무언가를 위해 살아간다. 우리에게는 이 땅에서 살아갈 시간과 에너지가 주어졌고, 각자 주어진 몫을 가지고 중요한 무언가를 해야 한다. 우리를 만족시킬 수 있는 무언가, 인생이 살 만한 가치가 있고 우리의 일이 할 만한 가치가 있다는 확신을 주는 무언가를…. 해즈브로사의 인생게임처럼 우리에게는 큰 뜻을 품고 에너지를 쏟을 꿈과 목표가 필요하다.

문제는 실제 인생의 규칙은 게임보다 훨씬 더 주관적이라는 사실이다. 우리는 종종 꿈을 꾸라는, 그것도 되도록 큰 꿈을 꾸라는 말을 듣는다. 하지만 어떻게 어린아이의 가치를 큰돈을 버는 직업과 비교하겠는가? 어떻게 우정의 가치를 1,000명의 소셜미디어 팔로워와 비교하겠는가? 결국 가장 중요한 것은 무엇인가? 내가 어떤 것에 가치를 두고 무엇을 하며 살아가야 할지 다시 한번 확인할 수 있도록, 누가 내게 규칙 설명서를 주면 좋겠다.

하지만 규칙 설명서에 뭐라고 쓰여 있든 나는 그 규칙을 아주 잘 따를 수는 없을 것 같다. 성공을 어떻게 정의하든 나는 뒤처져 있을 것 같기 때문이다. 이제 내 소개를 하겠다.

나는 평범한 사람이다. 당신은 내 이름을 들어 본 적이 없을 테고, 요즘 시대에 이름이 알려지지 않았다는 것은 평범하다는 말과 거의 같은 뜻이다. 하지만 나 역시 당신에 대해 들어 본 적이 없으니, 우리에게는 공통점이 있는 셈이다. 참으로 평범한 공통점이 아닌가? 비범한(extraordinary) 사람들은 그들 안에 있는 평범함(ordinary)이 아니라 특별함(extra)으로 인해 세상의 주목을 받는다.

평범함은 모든 사람 안에 있으며, 물론 내 안에도 있다. 내겐 대단한 부나 내 이름 뒤에 따라다니는 뛰어난 업적은 없지만, 오히려 너무 평범해서 특별하다고 할 수 있다. 평범함을 뛰어넘는 무언가가 있어서가 아니라, 평범함이 너무나 많다는 점에서 특별하다고 할 수 있는 것이다.

여기에 과학적인 증거가 있다. 한번은 직장에서 업무 평가를 받은 적이 있다. 내 강점과 약점을 보다 정확하게 파악함으로써 동료들과 조화를 이루도록 하기 위해서 말이다. 결과지를 받았을 때 내 강점과 관련해 특히 눈에 띄는 한 가지가 있었다. 바로 그 어떤 강점도 특별히 뛰어나지는 않다는 것이다. 많은 분야에서 높은 점수를 받았지만, 특별히 잘하는 분야는 없었다. 평가자는 이 점이 유리하게 작용할 수 있다고 말해 주었다. 내가 특별히 잘하는 것은 없지만, 많은 것을 두루 잘할 수 있는 올라운더(all-rounder)라고 말이다. 그가 무슨 말을 하는지는 이해했지만, 그렇다면 나는 적어도 뛰어난 올라운더가 되고 싶다. 할 수만 있다면 우리 주변에서 볼 수 있는 최고의 올라운더가 되고 싶다. 하지만 이는 나의 바람일 뿐이다.

나는 이미 많은 분야에서 나보다 더 큰 재능을 발휘하고 있는 올라운더를 떠올릴 수 있다. 사실 나는 평범하다. 지나치리만큼 평범하다. 이 말이 마치 실패를 인정하는 고백처럼 느껴진다.

자신이 평범하다는 것을 입증하기 위해 끊임없이 노력하는 사람은 막강한 권력을 지닌 일부 정치인들밖에 없다. 하지만 그들이 차에서 내릴 때 기사가 차 문을 열어 주고, 그들은 미소를 짓는다. 이는 게임일 뿐이고, 우리 모두는 그들이 실제로 얼마나 대단한 부와 권력을 소유하고 있는지 알고 있다. 그리고 정계 바깥에서는 그와 반대되는 현상이 벌어진다. 사람들은 자신이 부와 권력, 또는 명성과 재능, 또는 그 밖의 평범하지 않은 무언가를 소유하고 있음을 다른 사람들에게 증명하기 위해 오랫동안 열심히 일한다.

위대함이
가장 큰 목표인가?

우리는 대개 평범하면 안 된다고 생각한다. 혹은 평범함을 인정하거나 평범함을 원하거나 평범함에 만족해서는 안 된다고 생각한다. 우리는 큰 꿈을 꾸고 원대한 목표를 가져야 하며, 그보다 못한 것에 만족해서는 안 된다고 생각한다. 평범함은 위대함에 이르는 길에 놓인 디딤돌일 뿐이며, 성공했을 때 많은 사람 앞에서 그것을 가리켜 보이며 "제가 얼마나 멀리까지 왔는지 보세요."라고 말할 수 있는 작고 살짝 부끄러운 무언가일 뿐이다.

그럴 때 사람들은 우리의 힘과 의지력에 감탄해서 눈이 휘둥그레질 것이다. 그들은 우리를 위대하다고 생각할 것이다. 그리고 모든 사람이 우리를 위대하다고 생각하면, 우리는 정말로 위대한 것이다. 그렇지 않은가? 우리가 사는 민주적인 세상에서 위대함이 작동하는 방식은 이런 게 아닌가? 그렇다. 그것은 충분히 일리가 있다. 위대함이 우리가 추구해야 할 가장 큰 목표라는 것도 일리가 있다. 내가 정말 하고 싶은 질문은 위대함보다 더 큰 목표가 무엇이겠냐는 것이다.

사실 이는 아주 중요한 질문이다. 위대함이 늘 그렇게 위대한 결말을 맞이하는 것 같지는 않으니까 말이다. 직업적으로 큰 성공을 거둔 후 은퇴한 친구의 집을 방문했던 때가 기억난다. 내가 생각할 수 있는 그 어떤 기준으로 보아도 그는 아주 잘해 왔다. 그는 자신의 분야에서 잘 알려져 있었고, 어디를 가든 그의 의견은 존중받았다.

그의 집은 대단히 부유하지는 않아도 잘 사는 축에 속했다. 그는 자신의 값비싼 집을 구경시켜 주면서 "우리 팀 동료들은 다들 더 큰 집에서 산다네. 나는 여기가 비좁게 느껴져. 그래서 곧 더 큰 집을 알아볼 생각이야."라고 말했다. 나는 아무 말도 하지 않았다. 내가 무슨 말을 할 수 있었겠는가? 그의 '작은' 집은 우리 집보다 세 배는 더 컸다.

문제는 그가 '비좁은' 그의 큰 집에서 나보다 세 배로 행복해 보이지는 않았다는 것이다. 그는 우리와 함께한 시간의 대부분을 크고 작은 불평을 늘어놓으며 보냈다. 하지만 이와 반대의 경우도 있다.

나는 어렸을 때 우리 동네의 골목 끄트머리에 있는 작은 오두막에 살던 할머니를 기억하는데, 그녀는 진실로 행복했다. 그녀가 사는 집 벽의 갈라진 틈에서는 빛이 새어 나왔고, 미소 짓는 그녀의 주름진 얼굴에서도 빛이 새어 나왔다.

그녀의 집은 특히 사방의 벽을 뒤덮고 있는 자녀들과 손자녀들, 그리고 증손자녀들의 사진으로 인해 정말로 비좁았다. 이제 그녀의 이름은 기억나지 않지만, 그녀의 미소와 방문객을 위해 늘 가득 채워 둔 사탕 그릇은 지금도 기억이 난다. 그녀는 잘 알려지지도 않았고 부유하지도 않았지만, 늘 집에 오는 손님을 반갑게 맞아 주었다.

그녀보다 더 젊고, 더 건강하고, 더 부유하고, 훨씬 더 성공한 남자는 큰 집에 살면서도 불평만 늘어놓는데, 어떻게 제대로 된 교육도 받지 못하고 낡은 오두막에 사는 허리가 구부정한 할머니는 승자처럼 미소 지을 수 있었을까? 어떤 기준에서 보아도 그녀의 삶이 더 작고 허름하다는 생각이 드는데 말이다. 하지만 그녀는 세상적인 위대함의 기준으로 볼 때, 그녀를 크게 앞지르는 사람보다 더 많은 기쁨을 발견했다.

어떻게 이런 일이 일어날 수 있을까? 가장 큰 꿈은 우리의 삶에 가장 큰 행복과 만족을 가져다주어야 하는 게 아닌가? 그런데 큰 꿈을 꾸는 많은 사람, 나보다 훨씬 앞서가는 그들이 그렇게 불만족스러워하고 우울해하는 것은 어찌된 일인가?

더 크다고 반드시 더 좋고, 더 많다고 반드시 더 즐겁지는 않을 수도 있을까? 그렇다. 큰 꿈과 더 큰 꿈, 가장 큰 꿈 이외의 또 다른 크기의 꿈도 가능할까? 그렇다. 우리에게 필요한 꿈은 더 큰 꿈이 아니라 더 나은 꿈이다.

더 큰 꿈이 아니라
더 나은 꿈을 꾸라

내 친구 낸시는 더 나은 꿈을 발견했지만, 당신은 그녀에 대해 들어 본 적이 없을 것이다. 낸시는 주목받지 않는 소박한 삶을 사는 사람이기 때문이다. 그녀의 꿈 또한 소박하다. 그녀의 삶은 늘 주변 사람들, 당신은 본 적이 없는 그녀의 자녀들과 교회 사람들, 동네 사람들, 그리고 나처럼 평범한 사람들에게 초점이 맞추어져 있다.

낸시는 평생 큰 집에서 살아 본 적이 없고, 작은 집일망정 자기 집을 가져 본 적도 없다. 그녀는 셋집을 옮겨 다니며 남편 어니와 함께 딸들을 키웠다. 그들에게는 경제적 여유가 없었다.

우리 부부가 바다 건너 아일랜드에 정착했을 때, 낸시를 만났다. 그녀는 우리를 거의 모르는 상태에서도 반갑게 맞아 주고, 음식을 대접해 주고, 우리의 이야기에 귀 기울이며 가족처럼 대해 주었다. 낸시의 집 식탁에 둘러앉아 차를 마시며 담소를 나눈 시간은 우리가 새로운 환경에 적응하는 데 도움이 되었고, 우리 자신을 고유하고 특별한 존재로 느끼게 해 주었다. 그녀는 심지어 자기 집 열쇠를 우리에게 주기까지 했다.

나중에 안 사실이지만, 그녀의 집 열쇠를 가지고 있는 사람은 우리뿐만이 아니었다. 그녀의 집 열쇠를 가지고 있고 그녀를 가족처럼 여기는 사람들, 그녀의 따뜻한 환대와 성경에 기초한 격려에 푹 빠진 사람들이 그녀가 셋집을 옮겨 다니던 동네마다 있었다.

나는 그 어떤 으리으리한 저택보다 낸시의 집을 방문하는 게 더 좋고, 그 어떤 영향력 있는 모임의 일원보다 그녀의 확장된 가족의 일원이 되는 것이 더 좋다. 위대함에 관한 일반적인 생각에 비추어 볼 때 낸시의 꿈은 작아 보이지만, 그녀의 꿈은 기쁨과 사랑과 충만함의 거대한 저수지를 이루어 나처럼 평범한 많은 사람의 삶으로 넘쳐흘렀다.

소박한 삶이 큰 성공을 거둔 삶보다 반드시 더 낫고 행복하다고 말하려는 게 아니다. 나는 작고 평범한 사람들이 큰 꿈을 꾸다가 실패해 좌절하는 모습도 보았고, 큰 성취를 이룬 사람들이 그들이 성취한 것보다 더 나은 꿈을 발견하는 모습도 보았다. 내가 하고 싶은 말은, 먼 훗날 내 삶의 모습이 그 어떤 큰돈이나 명성, 혹은 권력을 가진 사람이 아니라 낸시 같기를 바란다는 것이다. 나는 큰돈이나 명성 혹은 권력이 아무리 대단하다 해도 공허한 약속에 내 꿈을 걸고 싶지는 않다. 나에게 주어진 힘과 이 행성에서의 짧은 시간을 정말로 중요한 데 쓰고 싶다. 그것들이 아무리 작아 보일지라도 말이다.

조용한 삶을 살고자 하는 야망을 가지라

데살로니가전서에서 사도 바울은 어떻게 살아야 할지에 대한 몇 가지 가르침을 준다. 그는 절제와 하나님께 대한 순종을 말하고, 다른 사람들에 대한 사랑 안에서 자라 가는 것을 강조한다. 어떻게 살아야 할지에 대한 그의 마지막 권면은 다음과 같다.

> "조용한 삶을 살고자 하는 야망을 가지십시오. 전에도 말했듯이 자신의 일을 행하며 여러분의 손으로 일하기를 힘쓰라는 것입니다"(살전 4:11-역자 번역).

'야망과 조용한 삶', 꿈을 크게 가져야 한다고 생각하는 세상에서 이 두 가지는 서로 반대되는 말처럼 들린다. 나는 야망에 대해 생각할 때면 큰일을 이루고 나서 자신을 과시하려고 큰 목소리를 내는 사람들이 떠오른다. '조용한 삶'은 그들이 목표로 하는 삶이 아니다. 그런데 바울은 조용한 삶과 야망을 같은 선상에 두고 있다. 그가 농담하는 것 같지는 않다.

바울은 근면과 절제, 하나님께 대한 순종과 다른 사람들에 대한 사랑으로 이루어진 조용한 삶이 우리가 꿈꿀 가치가 있는 삶이라고 믿는다(살전 4:1-12). 비록 다른 사람들이 알아주지 않더라도 말이다.

바울은 우리에게 익숙한 방식과는 매우 다른 방식으로 세상을 바라보았음이 틀림없다. 또한 그는 무엇이 중요하고 어떤 삶을 살아야 할지에 대한 매우 다른 기준을 가지고 있었음이 틀림없다. 바울의 삶은 여러 면에서 위대하지만, 그가 살아간 방식은 위대한 삶도 그가 우리에게 추구하라고 권한 바와 같은 작은 꿈에서 결과할 수 있음을 보여 준다.

여기에 대해서는 7장에서 보다 자세히 다루기로 하겠다. 지금은 바울의 조언이, 그의 영향력이나 효과적인 전략 또는 그 밖의 세상적인 성공을 흉내 내라는 말이 아니라, 그가 가장 중요하다고 말한 작은 것들에 삶의 초점을 맞추라는 의미임을 아는 것이 중요하다. 바울은 심지어 그것들에 대해 야망을 품으라고까지 말한다. 그는 우리의 야망이 명성이나 부, 권력 같은 것들보다 훨씬 더 중요하고 훨씬 더 오래가는 것들로 향하기를 바란다.

세상은 끊임없이 당신의 꿈을 좇으라고 권한다. 그 자체로는 나쁠 게 없는 조언이다. 하지만 나는 먼저 우리가 종종 간과하는 중요한 질문, '당신의 꿈은 당신을 정확히 어디로 인도하는가?'에 대해 생각해 보기를 권하고 싶다. 꿈을 좇기에 앞서 먼저 어떤 꿈을 꾸고자 하는지 알아야 한다. 당신이 추구하는 것은 무엇인가? 더 큰 꿈이 항상 더 낫다는 일반적인 가정은 사실이 아니다. 당신은 어디서 더 나은 꿈을 찾고자 하는가?

이것이 바로 이 책에서 다루고자 하는 바다. 나는 정말 더 나은 꿈이 있으며, 그것을 바로 지금 당신의 눈앞에서, 그리고 당신이 있는 곳에서 찾을 수 있다고 말해 주고 싶다. 2장에서 우리는 이 세상(모든 큰 꿈과 큰 꿈을 꾸는 모든 사람을 포함한)이 얼마나 작은지 살펴볼 것이다. 그리고 3장과 4장에서는 우리처럼 작은 사람들이 어디서 참된 가치와 참된 의미를 찾을 수 있는지 살펴보려 한다.

5장과 6장에서는 일반적인 성공 사다리를 거꾸로 놓아, 그 사다리가 가장 중요한 것들을 향하게 할 것이고, 7장에서는 그 사다리의 모든 발판이 하나님이 (우리가 갖기를) 바라시는 꿈에 초점이 맞춰질 수 있음을 보일 것이다. 마지막으로 8장과 9장에서는 작은 꿈을 꾸는 것과 관련한 수고와 그로 인해 주어지는 상급을 자세히 살펴보고자 한다.

이제 나와 함께 여행을 떠나 보자. 다음 행선지는 우주다.

02

DREAM SMALL

우리가 살아가는 작은 세상

센티미터로 위대함을 측정하는 법
우주 안의 티끌 하나, 그 위의 작은 우리
티끌의 왜소함
티끌의 가치와 의미

주의 손가락으로 만드신 주의 하늘과
주께서 베풀어 두신 달과 별들을 내가 보오니
사람이 무엇이기에 주께서 그를 생각하시며
인자가 무엇이기에 주께서 그를 돌보시나이까 (시 8:3-4).

인류 역사상 가장 긴 셀카봉에 달린 카메라가 우리의 사진을 찍었을 때, 그것은 지상에서 40억 마일(65억 킬로미터) 거리에 있었다. 우리 행성을 햇빛 속에 떠 있는 밝은 점으로 포착한 그 사진은 '창백한 푸른 점'이라는 이름으로 널리 알려져 있다. 천문학자 칼 세이건은 우주탐사선 보이저 1호로 지구의 사진을 찍을 것을 미 항공우주국(NASA)에 제안했고, 그 결과를 다음과 같이 웅변적으로 기술했다.

> 다시 한번 저 점을 보십시오. 저 점이 우리가 사는 이곳입니다. 저기가 우리의 집입니다. 우리입니다. 여러분이 사랑하는 모든 사람과 여러분이 아는 모든 사람, 여러분이 이름을 들어 본 적이 있는 모든 사람과 이 세상에 존재했던 모든 사람이 일생을 산 곳입니다. 우리의 모든 기쁨과 고통이 저 점 위에 존재했고, 무수한 종교와 이데올로기, 경제 체제, 수

렵과 채집을 하던 모든 사람, 모든 영웅과 비겁자, 모든 문명 창조자와 파괴자, 모든 왕과 농부, 모든 젊은 연인, 모든 부모와 희망에 찬 아이들, 모든 발명가와 탐험가, 모든 도덕 교사와 부패한 정치인, 모든 슈퍼스타와 뛰어난 지도자, 모든 성인과 죄인이 햇빛 속에 떠다니는 티끌과도 같은 저 점 위에 살았습니다.

'작다.'

우리가 사는 우주에 대해 더 많이 배울수록 이 한 단어가 우리를 얼마나 완벽하게 묘사하는지 더 잘 알게 된다. 우리는 **작다**. 우리의 모든 제국과 우주 프로그램과 하늘을 찌를 듯이 솟은 아주 높은 고층 건물들을 다 합쳐도, 우리는 개인적으로든 전체적으로든 여전히 **작다**. 그렇다면 우리의 꿈은 어떨까? 우리의 꿈 역시 **작다**.

과거 인류의 큰 꿈 중 하나는 별에 도달하는 것이었다. 우리가 별에 도달하기까지는 여러 세대에 걸친 발견과 지식의 축적이 필요했고, 이제 실제로 별에 도달한 덕분에 이 광활한 우주 안에서 우리의 행성이 얼마나 작은지 알게 되었다.

우리의 큰 꿈 중 하나는 우리가 실제로 얼마나 작은지를 드러내 주었고, 그 과정에서 다른 모든 '큰' 꿈이 극히 작아 보이게 만들었다. 우리가 "햇빛 속에 떠다니는 티끌과도 같은 저 점" 위에 살고 있는데 왜 안 그렇겠는가?

보이저 1호의 시점에서 볼 때 인류가 이루어 낸 정점에 있는 것들조차도 너무 작아서 안 보이는데, 사실 우주에서 40억 마일은 그렇게 먼 거리도 아니다.

보이저 1호가 같은 거리를 1,400번 이상 더 간다고 해도 고작 지구에서 1광년(약 9조 4,607억 킬로미터) 거리일 뿐이다. 직경이 10–15만 광년쯤 되는 은하수(Milky Way, 태양계가 속해 있는 우리은하-역주)의 가장자리에 도달하려면 그보다 훨씬 더 가야 한다. 게다가 은하수는 수천억 개의 은하 중 하나에 불과하다.

이렇게 넓은 우주에서 우리가 오르려는 성공 사다리의 꼭대기는 그리 높아 보이지 않는다. 우리의 가장 큰 성취와 유명 인사들은 다른 작은 것들과 사람들에 비교할 때만 크다. 인류의 위대함을 측정하는 줄자는 우주적인 차원에서 볼 때 고작해야 몇 센티미터에 불과할 것이다. 그런데도 우리는 그 몇 센티미터를 사랑한다.

아무튼 나는 그렇다. 나는 내 삶이 평균 이상이라고 말할 수 있었으면 좋겠고, 적어도 나 스스로는 그렇게 생각한다. 아마 당신도 그럴지 모른다.

센티미터로 위대함을 측정하는 법

우리의 척도로 무언가를 측정한다면 우주와 전체 역사라고 하는 맥락은 뒤로 하고, 우리가 사는 시간대와 티끌처럼 작은 이 행성 위의 한 작은 지역에 초점을 맞춰야 한다.

예를 들어 내가 당신보다 나를 더 돋보이게 하고 싶다면, 내가 정중앙에 위치한 사진처럼 보이도록 줌 인(zoom in)을 하면 된다. 그 사진에서 당신을 찾아보려면 가장자리의 다른 흐릿한 얼굴들 틈에서 겨우 발견할 수 있을 것이다. 만약 이 상태에서 다시 줌 아웃(zoom out)을 한다면, 나의 작은 얼굴은 현실 세계의 압도적인 풍경 속에 파묻혀 보이지 않을 것이다.

그렇지만 나는 내 얼굴이 배경 속으로 사라지기를 바라지 않는다. 비록 내 얼굴이 항상 마음에 드는 것은 아닐지라도 말이다. 배경 속으로 사라지기를 바라는 사람은 아무도 없다. 햇빛 속에 떠다니는 티끌과도 같은 점 위에서, 작은 꿈을 실현하며 살아가는 작은 존재가 되기를 바라는 사람은 아무도 없다. 그토록 작아지기를 바라는 사람은 아무도 없다.

그렇지만 나는 그토록 작다. 우리는 모두 그토록 작다. 하지만 나는 최소한 내가 옆에 있는 다른 사람들보다 조금 덜 작음을 입증할 수 있다. 아마도 당신보다는 조금 덜 작음을 입증할 수 있을 것이다. 내 모든 꿈과 야망이 현실의 객관적인 기준에 비추어 극히 작을지라도, 최소한 당신의 꿈과 야망보다는 클 것이다.

자랑은 아니지만, 나는 이 '비교게임'에 능하다. 당신도 비교게임을 하는가? 아마도 그럴 것이다. 문제는 비교할 때 무엇을 기준으로 하는지에 있다. 여기에 대해 생각해 본 적이 없을지도 모르지만, 생각해 봐야 한다. 당신의 마음이 어떤 게임을 하고 있는지 알아야 한다. 하지만 우리는 둘 다 비교하고 있으므로, 내가 당신보다 더 낫다고 생각한다면, 이를 알려 주어야 할 것 같다. 내게 시간을 조금만 주면 이를 입증해 보일 수 있다.

다년간의 연습을 통해 나는 내가 대부분의 사람들보다 조금 더 나음을 보여 주는 세련된 방식을 개발했다. 그러나 이 방식에는 한 가지 타협할 수 없는 기본 규칙이 있으니, 바로 무엇을 비교할지를 정하는 사람이 나라는 것이다. 미인 대회 같은 것은 안 된다. 달리기 대회도 안 되고, 그 밖의 다른 많은 것도 안 된다. 내가 당신보다 더 잘할 수 있는 것을 찾는 동안 잠시 기다려달라. 나는 비교에 능하다. 나는 아주 작은 유리함조차 대단히 커 보이게 할 수 있다. 당신은 어떤 방식을 사용하는지 궁금하다.

우주 안의 티끌 하나,
그 위의 작은 우리

내가 읽은 가장 유용한 책 중 하나는 할아버지 서재에서 발견한 『통계로 속이는 법』(How To Lie With Statistics)이라는 제목의 오래된 책이다.

할아버지가 거짓말쟁이라는 이야기가 아니라, 내가 그 책을 통해 눈속임의 세상에 눈을 떴다는 뜻이다. 책의 요지는 실제로 데이터를 바꾸지 않고도, 데이터가 달리 받아들여지게 할 수 있다는 것이다.

이는 생각보다 간단한 원리로 가능하다. 그저 데이터를 제시하는 방식을 살짝 조정하면 된다. 이를 위해 가장 일반적으로 사용하는 방법 중 하나는 보다 넓은 맥락을 제거하는 것이다.

예를 들어 같은 값을 나타내는 그래프의 아랫부분을 제거하면, 데이터의 작은 차이가 갑자기 매우 중요해 보일 수 있다. 그 책을 읽고 난 이후로 나는 치즈 생산량에서부터 실업률에 이르기까지 거의 모든 것에 관한 도표에서 이 특정한 방식이 꾸준히 사용되고 있음을 알아차렸다. 치즈 생산량에 적용해 구체적인 도표를 그려 보면 이런 식이다.

도표 1. 치즈 생산량

이 도표는 오직 예를 들기 위해 만들어진 가상의 도표이다.
부디 나의 치즈 사랑 이상의 것을 보여 줄 수 있기를!

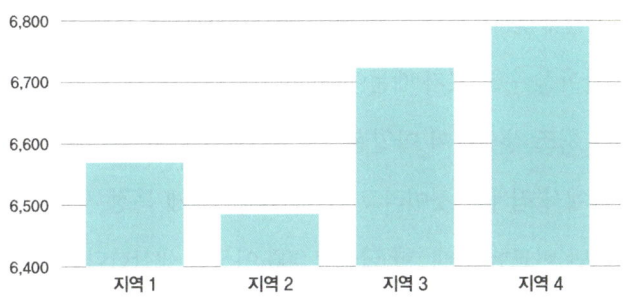

지역별로 치즈 생산량의 차이가 커 보인다. 그렇지 않은가? 하지만 이 도표는 0이 아니라 6,400에서 시작하고 있음을 보라. 다시 말해서 이 도표는 차이가 명확하게 드러나는 부분에 초점을 맞추고 있다. 만약 0에서 시작했다면 어땠을까?

도표 2. 기준선을 0으로 했을 때의 치즈 생산량

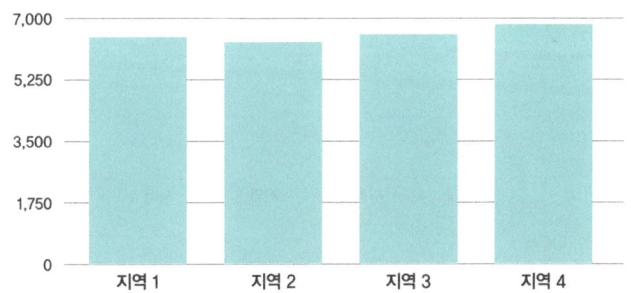

갑자기 차이가 매우 작아 보인다. 데이터는 그대로인데, 우리의 인식에는 극적인 변화가 일어난다. 그저 약간의 맥락을 더한 것뿐인데 말이다. 내가 '약간의' 맥락이라고 한 것은, 여기서 훨씬 더 나아갈 수도 있기 때문이다.

이 치즈 생산량이 아일랜드 농촌 지역의 소규모 축산업협동조합들에서 집계한 것이라고 가정하자. 이렇게 특정 지역의 축협들끼리만 비교했을 때, 한 달에 7,000 이상을 생산한다면 대단한 성취로 여겨질 수 있다. 어쩌면 그들에게는 대단한 성취이리라. 하지만 그들의 치즈 생산량을 전 세계 치즈 생산량과 비교하면 어떻게 될까? 전 세계 치즈 생산량이라는 맥락이 반영된 새로운 도표는 다음과 같다.

도표 3. 전 세계 치즈 생산량과 비교했을 때의 치즈 생산량

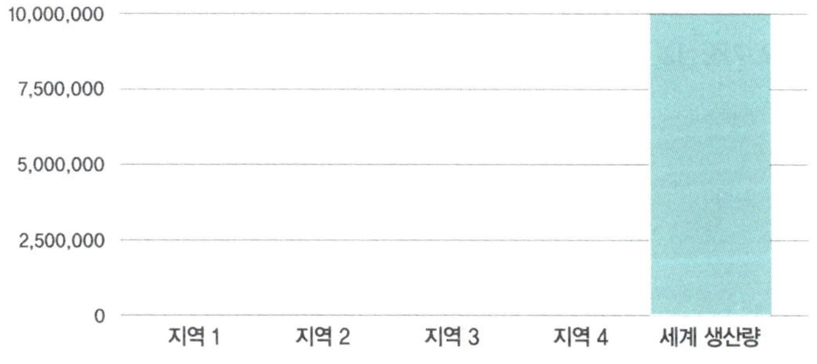

지역 축협의 치즈 생산량은 그대로인데, 전 세계 치즈 생산량

이라는 맥락이 더해지자 지역 축협의 생산량이 눈에 보이지 않을 만큼 작아진다. 도표 1에서 본 엄청난 차이는 이제 보이지 않는다. 이와 같은 방식을 인간의 위대함을 비교하는 데 적용하면 어떻게 될까?

도표 4. 인간의 위대함
이 수치가 어떻게 나왔는지는 알 수 없다. 모든 사람에게는 인간의 위대함을 측정하는 각기 다른 방식이 있기 때문이다. 이는 내가 가진 위대함을 강조하는 나만의 방식을 사용할 수 있음을 의미하기에 내게 유리하게 작용할 수 있다. 어떤가, 아주 간편하지 않은가?

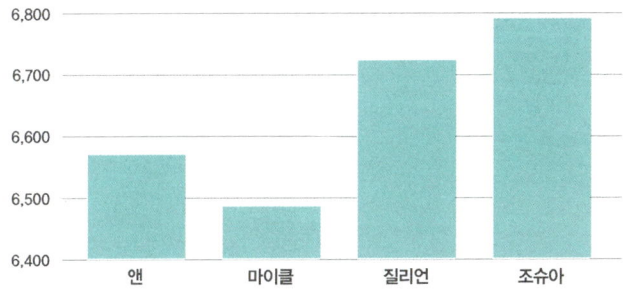

이 도표를 보면 조슈아가 이 마을에서 가장 위대한 사람인 것처럼 보인다. 마이클은 아마도 스스로를 부끄럽게 여기고, 앤은 질리언이 그녀의 성공을 과시하는 것을 견딜 수 없어 할지 모른다. 그러나 이 도표 역시 치즈 생산량의 경우처럼 맥락이 빠져 있고, 그리하여 네 사람의 차이가 실제보다 더 커 보인다. 실상을 정확히 알려면 도표를 0에서 시작해 네 사람이 공통으로 가지고 있는 모든 것(매우 많다)을 고려해야 한다. 이 네 사람은 모두 인간이다. 그들은 모두 생각하고, 사랑하고, 일하고, 시도하고, 꿈꾼다. 또한 경험을 통해 배우고, 자신에게 필요한 능력을 개발하고, 피로를 느끼고, 좋은 날과 힘든 날을 보낸다. 그리고 날마다 24시간 살아 숨 쉰다. 도표를 0에서 시작하면 네 사람 사이의 차이는 훨씬 더 작아 보인다.

도표 5. 기준선을 0으로 했을 때의 인간의 위대함

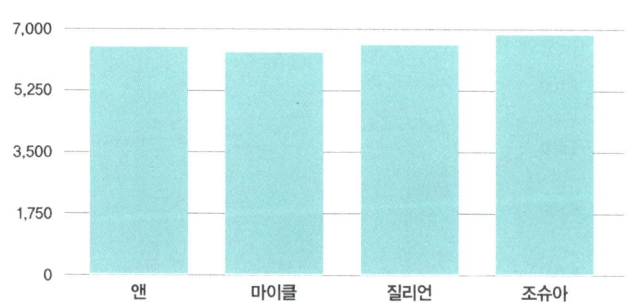

맥락을 더하니 사람들이 흔히들 흥미롭게 여기는 차이점은 우리가 모두 공통으로 가지고 있는 인간성만큼 중요하지 않다는 것이 드러난다.

그러나 이 도표는 여전히 네 명의 개인에게 초점이 맞추어져 있고, 위대함의 정도 역시 그 차이가 여전히 눈에 띈다. 초점을 더 넓혀서 전체 인류라는 맥락을 더해 보자.

도표 6. 전체 인류와 비교했을 때의 인간의 위대함

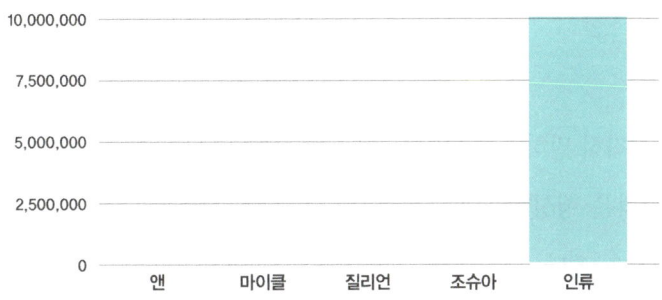

이제 가장 위대한 사람은 누구인가? 데이터는 그대로인데, 누가 가장 위대한 사람인지는 알 수 없다. 세상에 존재했던 무수히 많은 사람과 비교할 때, 이 네 명의 개인은 못 보고 그냥 지나치기 쉽다. 그들의 위대함은 도표에 나타나지도 않는다.

물론 도표에 나타나는 소수의 사람(알렉산더대왕이나 징기스칸, 모세 같은 사람들)도 있겠지만, 그런 종류의 위대함은 극히 드물다. 게다가 우리는 여전히 인간의 위대함만을 비교하고 있음을 기억하라. 보이저 1호의 시점에서 보면 인간의 위대함을 나타내는 도표 전체가 티끌만 하게 보일 것이다.

전체 우주 안의 티끌 하나에 누가 신경이나 쓰겠는가? 그 티끌 위의 작은 존재가 스스로를 다른 작은 존재들보다 낫다고 생각한들 누가 신경이나 쓰겠는가?

티끌의
왜소함

솔직히 말하자면, 나는 나의 위대함에 대해 신경을 쓴다. 나는 이 작은 행성과 그곳에서 살아가는 짧은 시간에 대해 무척이나 신경을 쓴다. 나는 나의 소박한 삶에 신경을 쓰고, 그것이 의미 있는 것이기를 바란다. 내가 신경을 쓰는 게 무의미할지라도 어쨌든 나는 신경을 쓰며, 이를 멈출 수가 없다. 아마 당신도 그럴 것이다. 우리는 모두 자신의 삶에 신경을 쓴다. 큰 꿈이 매력적으로 다가오는 이유도 그 때문일 것이다.

우리는 자신의 가치를 입증해 보이고 싶어 하며, 그래서 주변을 온통 사람들이 가치 있게 여기는 것들로 에워싸려고 열심히 일한다. 우리는 자신의 삶이 중요하다는 것을 증명하고자 하며, 그리하여 널리 인정받으려 하고 대단한 업적을 남기려 한다. 우리는 티끌과도 같은 행성에서 더 높은 곳에 도달하기를 꿈꾸며 경쟁적으로 성공의 사다리를 오른다.

당신은 지상에서의 짧은 시간을 다른 작은 인간들과 누가 더 위대한지를 견주며 보내는가? 큰 꿈이 당신이 갈망하는 가치와 의미를 가져다주리라 생각하는가? 만약 그렇다면, 그런 사람은 당신뿐만이 아니다. 세이건조차도 우리가 얼마나 작은지를 보여 주고 난 후, 우리 자신을 위해 큰 꿈을 꾸어야 한다고 말한다.

> 우리의 삶과 우리의 자그마한 행성의 의미는 오직 우리 자신의 지혜와 용기에 의해 결정됩니다. 우리는 삶의 의미를 위탁받은 관리인입니다. … 만약 우리가 어떤 우주적인 목적을 갈망한다면, 우리 스스로 가치 있는 목표를 찾아야 합니다.

이 말은 우리가 갈망하는 의미와 가치에 이르는 길을 제시하고 있기에 고무적으로 들린다. 그러나 한 가지 의문이 남는다. 티끌 위에 사는 사람들이 과연 어떤 의미와 가치 있는 목표를 성취할 수 있겠는가? 우리 자신의 의미를 만들어 내는 것이 진정 작은 우리에게 달렸다면, 우리는 곤경에 처했다. 세이건은 여기에 대해 보다 솔직했어야 했다. 그는 우리가 하는 그 어떤 일도 사실은 스스로 가치와 의미를 창조할 수 없음을 분명하게 말했어야 했다. 우리로 하여금 자신의 의미를 생각하게 한 후, 심폐소생술을 시도하면서 아직 희망이 있다고 말하는 대신 근사한 장례식을 치러 줌으로써 죽음을 인정했어야 했다.

우리는 너무나도 작다. 그것을 부인할 수는 없다. 우리가 어떻게 말하든 데이터는 그대로이다. 우리가 아무리 열심히 노력해도 우리의 왜소함을 돌파할 만큼 커다란 의미를 창조해 낼 수 없다. 우리의 성공 사다리는 너무 짧다. 우리의 비교게임 또한 도움이 되지 않는다. 티끌은 스스로를 위대하게 만들 수 없다. 우리는 우리를 지도상에 나타나게 할 만큼 큰 꿈을 꿀 수 없다는 진실을 직시해야 한다. 우리가 위를 올려다보는 즉시, 가치와 의미에 대한 우리의 희망은 절망적으로 쪼그라들 것이다.

티끌의
가치와 의미

당신은 별이 총총한 밤하늘을 올려다본 적이 있는가? 그것은 압도적이다. 그렇지 않은가? 갑자기 그리고 놀랍게도 당신은 작아진다. 당신이 사는 세상은 작다. 당신의 꿈은 작다. 당신의 문젯거리들은 작다. 당신의 삶은 작다. 당신이 어떻게 비교하든, 당신 옆에 있는 사람이 얼마나 작든 상관없다. 당신은 여전히 작다.

수천 년 전에 한 위대한 왕이 밤하늘의 별을 올려다보았다. 갑

자기 그리고 놀랍게도 그는 작아졌다. 그의 왕관은 작았다. 그의 왕국은 작았다. 작은 왕 다윗의 마음속에 의문이 일었고, 그는 그것을 시로 표현했다.

"주의 손가락으로 만드신 주의 하늘과 주께서 베풀어 두신 달과 별들을 내가 보오니 사람이 무엇이기에 주께서 그를 생각하시며 인자가 무엇이기에 주께서 그를 돌보시나이까"(시 8:3-4).

사람이 무엇인가? 보이저 1호는 우리가 하늘의 한 점 티끌임을 과학적으로 증명했다. 칼 세이건이 하늘을 올려다보았을 때 그는 우리 스스로 만들어 낼 수 있는 것 이외의 그 어떤 목적과 의미도 없는 텅 빈 우주를 보았다. 다윗이 하늘을 올려다보았을 때, 그는 별들을 각각의 자리에 둔 창조적인 작품을 보았다. 의미 없는 허공 대신 우주의 주인이신 창조주가 주의를 기울여 만드신 작품을 보았다. 은하수 한 귀퉁이의 티끌 위에 살아가는 작은 인간에게 마음을 쓰시는 하나님을 보았다. 그 자신과 다른 모든 사람에게 마음을 쓰시는 창조주를 보았다.

우리에게 마음을 쓰시는 창조주가 있다는 사실은 많은 것을 설명해 준다. 그것은 우리가 자신과 주변 사람들에게 마음을 쓰는 습관을 고치지 못하는 이유를 설명해 준다. 우리의 일이 중요하며, 우리의 삶에, 삶 그 자체를 넘어서는 어떤 의미가 있다고 느끼는 이유를 설명해 준다. 이는 우리의 삶이 중요하며 우리의 행동에 의미가 있음을 뜻한다.

그것은 우리가 그토록 갈망하는 의미와 가치가 우리의 크기나 업적에 의해서가 아니라, 우리를 가치 있다고 여기시는 창조주의 결정에 의해 확보됨을 뜻한다. 다윗은 우리가 무엇이기에 우리를 생각하시느냐고 질문한 뒤, 하나님이 우리를 다루시는 방식을 통해 이미 우리에 대한 그분의 사랑을 입증하셨음을 깨닫는다.

> "그를 하나님보다 조금 못하게 하시고 영화와 존귀로 관을 씌우셨나이다 주의 손으로 만드신 것을 다스리게 하시고 만물을 그의 발 아래 두셨으니"(시 8:5-6).

다윗은 하늘을 올려다보며 우리가 얼마나 작은지 깨닫고 몹시 놀랐다. 그런 다음 그는 주위를 돌아보고 우리의 왜소함에도 불구하고 하나님이 손수 우리에게 사랑과 영예와 책임의 관을 씌워 주셨음을 알았다. 그의 가치와 의미가 성공 사다리를 다른 사람들보다 높이 오르는 데서 오는 것이 아님을 알았다. 우리의 가치와 의미는 더 큰 꿈을 꾸고, 더 큰 성취를 이루고, 다른 작은 인간들과 경쟁하며 정상에 오르는 방법을 찾는 데서 오지 않는다.

당신은 여전히 이런 식으로 당신의 의미를 찾고자 하는가? 이제 이 비교게임을 그만두어야 할 때다. 스스로의 의미를 창조하려는 불가능한 과업을 포기해야 할 때다. 지구상의 가장 큰 꿈도 우리의 가치와 의미를 보장해 주지는 않으며, 또 그럴 필요도 없다.

우리에게는 보다 나은 꿈이 있다. 그러나 하늘을 올려다보고 (우리 자신의 왜소함이 아니라) 창조주의 위대함과 우리를 향한 그분의 사랑에 압도되지 않는 한, 그 꿈을 볼 수 없을 것이다. 다윗처럼 시선을 위로 하고 경이감으로 압도된 마음이 예배로 넘쳐흐르게 하자. 우리로서는 우주의 창조주가 왜 작은 인간에게 마음을 쓰시는지 이해하기 힘들지만, 그분은 이미 작은 인간을 사랑하심을 행동으로 보여 주셨다. 그렇다, **우리는 작다. 대단히 작다.** 그러나 **우리는 사랑받고 있다.**

03

DREAM SMALL

크기는
중요하지 않다

하나님과 동행하도록 지음받다
아담과 하와의 불순종
작고 죄 된 인간과 그런 인간을
여전히 귀히 여기시는 하나님

보라 그에게는 열방이 통의 한 방울 물과 같고
저울의 작은 티끌 같으며
섬들은 떠오르는 먼지 같으리니 (사 40:15).

언젠가 아내에게 진주 목걸이를 사 주려고 꽤 큰돈을 쓴 적이 있다. 공장에서 만든 예쁜 유리구슬 목걸이를 사 주면 돈을 절약할 수 있었지만, 나는 그렇게 하지 않았다. 진주가 유리구슬보다 더 얻기 힘들고, 그만큼 더 특별하기 때문이다. 심지어 이미 아내의 손가락을 장식하고 있던 다이아몬드는 그보다 더 작고 반짝거렸으며, 내가 최초로 구입한 자동차만큼 비쌌다. 이 땅에서는 작고 반짝거리는 희귀한 것들이 가장 가치 있게 여겨지기도 한다.

반면에 사람들은 많으며 보석처럼 반짝거리지도 않는다. 인구가 점점 줄고 있지만, 아직은 사람을 찾으려고 애쓸 필요가 없다. 오히려 나는 종종 사람들의 무리에서 벗어나고 싶은 마음이 들 때가 있다. 사실 그 많은 사람을 대하지 않고도 원하는 것을 얻는 방법이 있다면, 나는 기꺼이 추가 비용을 낼 의향이 있다.

이것이 나의 가치 체계가 작동하는 방식이다. 나는 조개에서 나온 구슬에 기꺼이 프리미엄을 지불할 생각이고, 많은 사람에게서 벗어나는 데도 기꺼이 프리미엄을 지불할 것이다. 나는 나도 모르는 사이에 희귀하고 반짝거리는 무생물은 가치 있게 여기면서도, 내 주변에 있는 사람들은 무감각하게 여기게 되었다.

나뿐만이 아니다. 세상 사람들 대부분이 다 그렇다. 이것이 다이아몬드는 그토록 비싸고 다이아몬드를 캐는 광부들의 가치는 높게 평가되지 않는 이유이다. 우리는 이런 식의 가치 체계에 익숙해져 있기에 하나님도 우리와 같은 가치 체계를 가지고 계신다고 생각하기 쉽다. 하나님이 우리 같은 무리에게 짜증을 내신다고 생각하기 쉽고, 우리처럼 작고 평범한 사람들은 하나님처럼 높고 위대하신 분에게 아무 의미가 없다고 생각하기 쉽다.

사실 우주 만물을 지으신 하나님이 우리가 지상에서 발전시켜 온 것과 같은 가치 체계를 가지고 계신다면, 그분이 우리에게 마음을 쓰실 이유가 전혀 없을 것이다. 당신은 하나님께 사랑받기에는 자신이 너무 작고 평범할까 봐 두려운가? 여기 좋은 소식이 있다. 그것은 사실이 아니다. 우리의 가치를 평가하실 때 하나님은 우리의 잣대를 사용하지 않으신다. 하나님은 그 점을 분명히 하셨다. 우주에게 있으라고 명하신 하나님은 그의 창조 세계 중 일부에 특별한 가치를 두신다. 그것은 금도 아니고 다이아몬드도 아니며 그 밖의 다른 희귀하고 반짝거리는 물건도 아니다. 그것은 사람이다. 바로 우리다. 예수님은 이렇게 말씀하셨다.

"참새 두 마리가 한 앗사리온에 팔리지 않느냐 그러나 너희 아버지께서 허락하지 아니하시면 그 하나도 땅에 떨어지지 아니하리라 너희에게는 머리털까지 다 세신 바 되었나니 두려워하지 말라 너희는 많은 참새보다 귀하니라"(마 10:29-31).

하나님은 참새에게 마음을 쓰시지만, 인간을 참새보다 더 귀히 여기신다. 우주에게 있으라고 명하신 후 하나님은 "우리의 형상을 따라 우리의 모양대로 우리가 사람을 만들"자고(창 1:26) 말씀하셨다. 하나님의 명에 따라 흙이 하나님의 형상을 닮은 살아 숨 쉬는 인간이 되었다. 하나님은 그분의 창조물에 온 마음을 쏟아 부으셨기에, 최초의 인간이 완성되자 그 인간에게서 자신의 마음을 닮은 부분을 보셨다. 하나님은 애정을 담아 지극히 아름다운 무언가를 만드시고 그것에 이름을 지어 주셨다. 하나님은 흙으로 살아 있는 걸작을 빚으셨다.

그러니까 어떤 면에서는 세이건이 옳았다. 우리는 티끌이다. 흙이다. 하나님과 비교할 때 아담과 하와가 크지 않은 것은 사실이다. 그들은 작다. 그러나 그것은 하나님이 그들을 덜 사랑하실 이유가 되지 못했다. '모나리자'는 대형 작품은 아니지만, 그 가치는 이루 헤아릴 수 없을 정도이다. 인간은 비록 작지만 하나님의 걸작이며, 하나님은 인간에게 그가 만드신 모든 것을 다스릴 책임을 주셨다. 인간은 작지만 사랑받았다. 그들은 작지만 하나님이 몸소 불어넣어 주신 생명으로 가득했고, 그들을 만드신 분을 대신해 세상을 다스릴 큰 책임을 부여받았다.

하나님과 동행하도록 지음받다

한동안은 모든 게 괜찮았다. 아담과 하와는 창조 세계를 다스렸고, 우주 만물을 지으신 창조주는 그들과 함께 동산을 거니시며 대화를 나누셨다. 그들의 작은 크기는 무한하신 하나님과의 교제에 아무런 방해가 되지 않았다. 우리는 하나님이 동산에 오셔서 산책하셨으며, 그분이 지으신 아담과 하와와 친근하게 대화하셨음을 안다. 자녀에게 새 반려동물을 뭐라고 부를지 묻는 아버지처럼, 하나님은 아담이 그분이 창조하신 동물들의 이름을 짓는 모습을 즐거운 마음으로 지켜보셨다.

나는 자녀를 둔 아버지로서 이 즐거움을 안다. 그리고 하나님이 그 이름들을 어떻게 생각하셨을지 궁금하다. 한번은 딸아이가 새로 산 고양이 인형의 이름을 '테스코 검정과 하양'이라고 지은 적이 있다. 인형이 검은색과 흰색 천으로 만들어졌고, 테스코에서 산 것이기 때문이었다. 나라면 그런 이름을 붙이지 않았겠지만, 그래도 나는 그 이름을 사랑한다. 나는 딸아이를 사랑하기에 그 이름을 사랑하고, 딸아이의 순수한 생각을 거쳐 나왔기에 그 이름을 사랑한다. 나는 자녀에게 좋은 것을 주고 싶고, 그들이 내가 준 선물에 애정을 쏟는 모습을 보고 싶다.

하나님도 그러실 것이다. 하나님은 당신이 그분의 창조 세계를 보고 그분이 좋아하시는 것처럼 좋아하기를 바라신다. 하나님은 당신이 숲속을 산책하거나 시원한 수박을 맛보거나 그 밖에 그분이 주시는 다른 좋은 선물들을 받을 때, 이를 기뻐하신다. 하나님은 당신이 그 선물들을 가꾸는 기쁨을 발견할 때 이를 기뻐하시며, 당신이 그분의 창조 세계를 그분이 사랑하시는 것처럼 사랑할 때 이를 기뻐하신다.

아담과 하와는 하나님과 동행했으며, 하나님이 그들을 위해 만드신 동산을 즐겼다. 작품을 만든 예술가 본인에게 왜 그가 만든 장미에서 그런 향기가 나는지, 또는 어떤 생각으로 오리너구리의 주둥이를 오리주둥이처럼 만들었는지 물어볼 수 있다는 게 상상이 가는가? 아담과 하와는 딸기를 심을 최적의 장소에 대해 하나님께 조언을 구했을까? 하나님은 그들에게 카카오나 커피콩이 어떤 작용을 하는지 귀띔해 주셨을까?

나는 모른다. 하지만 나는 광대한 우주에 대한 책임을 부여받은 두 명의 작은 인간이 그들에게 동산을 주시고 동행을 허락하신 하나님과 자유롭게 대화하는 데 아무런 부끄러움을 느끼지 않은 것을 안다. 이 한 가지 사실만으로도 하나님이 우리의 크기와 우리의 가치 사이의 관계를 어떻게 생각하시는지 알 수 있다.

당신 역시 작다. 그렇지만 당신 역시 하나님을 알도록 지음받았다. 당신은 하나님과 관계를 맺도록, 하나님의 사랑과 보살핌을 경험하도록, 그리고 하나님이 만드신 다른 모든 창조물에게 동일한 사랑과 보살핌을 표현하도록 지음받았다. 오늘도, 바로 지금도, 당신은 별들에게 있으라 명하신 하나님과 대화를 나눌 수 있다. 당신은 일상의 소소한 것들에 대해 하나님께 직접 말씀드릴 수 있다. 장미꽃의 향기나 커피의 향긋한 냄새에 대해 하나님께 감사드릴 수 있다. 직장에서 겪는 어려움이나 가족의 잘못된 결정, 친구를 괴롭히는 질병과 관련해 하나님의 도우심을 구할 수 있다. 하나님이 지으신 세상에서 주어진 당신의 역할에 대해 들을 수 있고, 그 역할을 감당할 힘을 주시도록 청할 수 있다.

당신은 작을지라도 우주를 창조하신 하나님은 당신을 사랑하시고 당신이 가치 있고 의미 있다고 여기신다. 하나님께 당신은 너무 작지도 평범하지도 않다. 하나님은 당신이 하나님을 알도록 만드셨고 또한 당신이 하나님을 알기 원하신다. 당신은 작을지라도 만유의 왕이신 하나님은 당신과 동행하기를 원하신다.

아담과 하와의 불순종

하나님의 사랑에 관한 한 우리의 크기는 문제가 되지 않는다. 아담과 하와는 작았으나 하나님과 완벽한 관계를 누렸다. 그것은 시험받지도 강요받지도 않은 완벽함이었다. 하나님은 아담과 하와에게 일용할 양식과 사랑과 권위 같은 좋은 선물들과 함께 선택권을 주셨고, 그들은 하나님의 사랑과 선물들을 거부할 수 있었다.

하나님은 나무를 심으시고 선악을 알게 해 주는 나무라고 이름을 지으셨다. 그리고 아담과 하와에게 분명히 말씀하셨다. "선악을 알게 하는 나무의 열매는 먹지 말라 네가 먹는 날에는 반드시 죽으리라"(창 2:17). 그러나 그들은 그 열매를 먹기로 했다. 그것은 "먹음직도 하고 보암직도"(창 3:6) 하였으며, 먹어도 그 즉시는 두 사람 다 병에 걸리지 않았다. 그들은 오래 살았으며, 많은 자녀를 두었다. 그리고 죽었다. 그리고 그들의 자녀들도 죽었다. 우리 모두 결국엔 죽는다.

그들의 잘못으로 인해 우리는 계속해서 죽어 간다. 세대에서 세대로 이어지며 죽어 가는 사람들로 인해 묘지는 가득 차고 전 세계적으로 수많은 봉안당과 화장장을 세워야 했다. 이 모든 게 불순종이 낳은 치명적인 결과에 기인한다.

성경은 하나님의 명령에 불순종하려는 아담과 하와의 성향을 가리켜 '죄'라고 칭한다. 그러나 이미 하나님께 반기를 든 타락한 천사, 사탄이 하나님을 거역하도록 하와를 유혹할 때는 그것이 '죄'라고 알려 주지 않았다. 사탄은 선악과를 먹으면 권력과 자유를 누릴 수 있는 것처럼 말했다. 그리고 하나님이 그들을 '하나님처럼' 만들어 줄 가장 좋은 선물, 곧 선악을 아는 지혜를 그분의 백성에게 허용하지 않고 제공하지도 않으셨다고 말했다. 이미 하나님의 형상을 따라 만들어졌음에도, 이미 하나님의 자비와 사랑과 창조성을 지녔음에도, 아담과 하와는 완전히 자주적이고 자기

충족적인 방식으로 하나님처럼 되기를 꿈꾸었다.

그들 이전에 사탄이 그랬듯, 그들이 진정으로 원한 것은 하나님이 되는 것이었다. 그날 이후로 인류는 하나님이 지으신 우주 안에서 우리에게 주어진 특권적인 지위와 하나님이 부여하신 책임을 끊임없이 거부해 왔다. 하나님은 문자 그대로 우리에게 세상을 주셨지만, 우리는 거기서 더 나아가 그분의 보좌를 원했다.

이것은 너무나도 큰 꿈이다. 고대의 선지자들은 하나님의 백성들에게 이것이 하나님께 의존하는 작은 티끌에게는 너무나 위험한 방식이라고 경고했지만, 그들은 듣지 않았다. 칼 세이건보다 훨씬 전에 이사야 선지자가 같은 말로 우리를 묘사하고 있었다.

> "보라 그에게는 열방이 통의 한 방울 물과 같고 저울의 작은 티끌 같으며 섬들은 떠오르는 먼지 같으리니"(사 40:15).

저울로 무게를 잴 수조차 없는 작은 티끌이 곧 우리이다. 그것도 개인이 아니라 열방이다. 하나님이 우리와 같은 저울을 사용하시리라는 우리의 생각은 잘못됐다. 그런데도 저울로 잴 수조차 없는 티끌에 불과한 우리는 우리의 개인적인 야망을 위해 길을 비켜달라고 아우성을 치고 있다.

게다가 이 일은 하나님이 이미 우리 수준으로 자신을 낮춰 우리에게 낙원을 주시고 그분과 더불어 낙원을 즐기도록 하신 후에 일어났다. 하나님이 티끌 같은 우리를 현기증이 날 만큼 높이 들어 올리신 데 대한 우리의 반응은, 하나님의 선물을 사용하여 하나님을 거역하는 것이었다. 과연 우리는 실재에 대항하는 이 전쟁에서 이길 수 있을까? 이길 수 없다.

우리는 이미 패하고 있다. 우리는 우리 자신과 우리에게 주어진 세상을 마치 나무에서 떨어져 나간 가지처럼 하나님으로부터 분리한 뒤, 모든 게 시들어 가는 모습을 보고 놀라는 중이다. 어떻게 시들지 않을 수 있겠는가? 우리는 결코 스스로 생명을 취하도록 만들어지지 않았다. 우리는 하나님으로부터 끊임없이 생명을 공급받도록 만들어졌다.

"선악을 알게 하는 나무의 열매는 먹지 말라 네가 먹는 날에는 반드시 죽으리라"(창 2:17)는 말씀은 확실히 저주였지만, 또한 사실을 알리신 것이기도 하다. 만일 하나님으로부터 생명을 공급받지 못한다면 우리는 살아갈 수 없다. 달리 생명을 구할 수 있는 곳이 없다. 우리가 찾아보지 않은 게 아니다. 오랜 세월에 걸쳐 생각할 수 있는 모든 가능성을 떠올려 계획하고 시도하고 꿈꿔 왔지만, 여전히 나무에서 떨어져 나온 가지처럼 서서히 시들고 있다.

당신은 어떤가? 당신은 어디에서 생명을 찾는 중인가? 로맨스나 혹은 가정을 꾸리는 데서? 창조적인 표현이나 쾌락의 추구에서? 성취나 우정, 여행 같은 것에서? 이 모든 것이 창조주로부터 온 좋은 선물들이지만, 그중 어느 하나도 하나님 안에서 발견되는 생명을 주지는 못한다. 하나님으로부터 분리됐을 때, 이 모든 선물들은 결국 화분에서 떨어져 나간 꽃처럼 시들 것이다.

이것이 바로 우리가 처한 상황이다. 우리는 작고, 죽어 가고 있다. 하나님 이외의 다른 무언가에서 생명과 가치와 의미를 발견하려는 우리의 꿈은 항상 실패했다. 우리 자신과 우리의 세상을 하나님으로부터 분리하려는 모습은 마치 캠프파이어에서 타닥타닥 튀어 오르는 깜부기불과도 같다. 우리에게 주어진 영광의 빛이 아직 깜박거리는 가운데 서서히 재와 먼지로 변해 가는….

하나님으로부터 분리될 때 "너는 흙이니 흙으로 돌아갈 것"(창 3:19)이라는 저주가 현실이 된다. 우리에게는 우리의 왜소함을 훨씬 뛰어넘는 의미와 가치가 있으며, 그로 인해 빛이 난다. 우리는 무한하신 생명과 친밀한 관계에 있었지만, 우리 스스로 그 관계를 끊어버렸다. 우리에게는 낙원이 있었지만, 그 낙원을 주신 분께 더 많은 것을 빼앗으려고 낙원을 던져 버렸다. 인간과 하나님 사이의 장벽은 우리의 크기로 인해 비롯된 것이 아니다. 이는 우리가 하나님의 사랑을 거부하고 하나님 없이 우리 자신의 생명을 창조하려는 데서 비롯된 것이다.

작고 죄 된 인간과 그런 인간을 여전히 귀히 여기시는 하나님

당신은 자신이 하나님의 사랑을 받기에는 너무 작거나 평범할까 봐 두려운가? 그렇지 않다. 당신의 왜소함으로 인해 당신을 품지 않으시기에는 그분의 사랑이 너무나 크다. 하지만 죄는 어떤가? 당신은 하나님의 사랑을 받기에는 자신의 죄가 너무 클까 봐 두려운가? 그렇지 않다. 하나님의 사랑은 당신의 죄보다 크다. 모든 좋은 선물을 주시는 하나님은 그분을 거역한 우리의 행동에도 불구하고 계속해서 베풀어 주신다.

그분은 우리를 포기하지 않으셨다. 하나님이 우리를 외면하신다고 해도 그것은 전적으로 정당한 일이다. 하나님께서는 우리에게 정의의 철퇴를 내리시고, 생명의 근원을 거부한 자들처럼 서서히 죽어 가게 두실 권리가 있으시다. 그러나 하나님은 그렇게 하시는 대신 그분이 우리를 위해 만드신 세상보다 더 큰 선물을 주셨다.

그 자신이 작아지셔서 우리 중 하나가 되신 것이다. 상상해 보라! 하나님 자신인 예수님은 지상의 또 다른 티끌이 되셨는데, 이는 그분이 인간이 되어 인간의 죄를 지시기 위해서였다.

예수님은 우리가 하나님께로 올라갈 수 없음을 아셨기에 우리에게 내려오셔서 기꺼이 우리를 대신하여 죽으셨다. 예수님은 그것이 죄에 대한 하나님의 정의감을 만족시키는 동시에 우리를 다시 하나님께로, 생명에게로, 우리와 교제하기 위해 만드신 모든 것에게로 돌아오게 할 유일한 방법임을 아셨다.

예수님은 무덤에서 사흘을 보내신 후 부활하심으로써, 그분이 죽어 가는 인간에게 주시는 생명이 죽음 그 자체보다 강력함을 입증하셨다. 우리는 죄 가운데서 하나님처럼 커지려 했으나, 그 결과로 얻은 것은 죽음뿐이었다. 하나님은 사랑 안에서 우리처럼 작아지셔서 그분의 자녀들에게 생명을 주셨다.

하나님이 왜 그러셨을까? 예수님은 "하나님이 세상을 이처럼 사랑하사"(요 3:16) 우리를 구원하러 오셨다고 분명히 말씀하신다. 정직하게 우리 자신을 돌아볼 때, 우리가 대단해서 하나님이 우리를 사랑하시는 게 아닌 것은 분명하다. 우리가 선해서 하나님이 우리를 사랑하시는 것도 아니다.

좋은 소식은, 하나님은 우리와 같은 방식으로 생각하지 않으신다는 것이다. 우리가 하나님께 맞서 행한 그 모든 것에도 불구하고, 하나님은 끊임없이 우리에게 다가오시고 우리를 사랑하신다. 물론 우리는 여전히 하나님으로부터 분리된 채로 생명을 찾으려 할 수 있다. 이때 하나님은 우리의 선택을 존중하시고 그 결과를 경험하게 두신다. 잘못된 선택의 결과는 문자 그대로 지옥이다.

그러나 요한복음 10장 10절("내가 온 것은 양으로 생명을 얻게 하고 더 풍성히 얻게 하려는 것이라") 말씀처럼 우리는 생명을 주시겠다는 예수님의 복된 제안을 받았다. 이를 위한 예수님의 유일한 조건은 어리석은 반항을 그만두고 그분께 돌아오라는 것이다. 예수님의 초대는 단순하다. 그것은 바로 '와서 살라'(come and live)는 것이다.

"지극히 존귀하며 영원히 거하시며 거룩하다 이름하는 이가 이와 같이 말씀하시되 내가 높고 거룩한 곳에 있으며 또한 통회하고 마음이 겸손한 자와 함께 있나니 이는 겸손한 자의 영을 소생시키며 통회하는 자의 마음을 소생시키려 함이라"(사 57:15).

우주에게 있으라 명하신 하나님은 그분에게로 돌이킨 사람들과 함께하기를 바라신다. 하나님은 그들을 용서하시고, 소생시키시고, 회복시키신다. 그리고 귀히 여기신다. 예수님은 우리를 죄에서 구원하시려고 지상에 오셨을 때, 우리의 가치 체계를 전도시키셔서, 우리의 가치는 우리의 생각과 다르며 우리가 그 근원으로 여기는 것에서 비롯되지도 않았다고 가르치셨다.

좋은 소식은, 하나님이 크기나 권능, 영광뿐만 아니라 사랑과 자비, 연민에 있어서도 우리보다 훨씬 더 크시다는 것이다. 또한 우리가 하나님께 사랑받기에는 너무 작거나 평범하거나 큰 죄를 지었을까 봐 두려워할 필요가 없다는 것이다. 그리고 우리가 사랑받을 만큼 크거나 선해지기 위해, 스스로의 가치와 의미와 생명을 만들어 내기 위해 우리의 꿈에 기댈 필요가 없다는 것이다. 우리는 이 모든 것과 그보다 훨씬 더 많은 것들을 (그분에게로 나아오는 모든 사람의 구원자가 되신) 예수님의 사랑 안에서 발견할 수 있다.

당신은 그분에게로 나아올 것인가? 당신이 예수님께 나아올 때 당신의 꿈을 포함한 모든 게 변화된다.

04

DREAM SMALL

작은 우리는 하나님의 위대한 이야기 속에 있다

더 큰 이야기
하나님의 이야기 속에 있는 당신의 자리를 찾으라
문지기와 왕

내 형질이 이루어지기 전에 주의 눈이 보셨으며
나를 위하여 정한 날이 하루도 되기 전에
주의 책에 다 기록이 되었나이다 (시 139:16).

우리는 작지만 사랑받고 있다. 우리의 가치는 우리의 행동이나 꿈, 성취, 또는 이런 것들과 관련해 우리가 서로를 어떻게 평가하는지에서 비롯되지 않는다. 그렇지만 우리의 가치는 확실하다. 그것은 창조주에 의해 우리 안에 불어넣어졌다. 이런 관점에서 볼 때 세상은 완전히 달라 보이며, 우리의 삶도 완전히 달라 보인다.

갑자기 우리는 자신의 가치와 의미를 꿈꾸라는 불가능한 과제로부터 자유로워진다. 교실이나 직장에서 자신의 가치를 증명할 필요가 없어진다. 다른 사람들보다 더 원대한 꿈으로 자신의 중요성을 각인시킬 필요가 없어진다. 사랑받고, 인정받고, 이해받기 위해 꿈꾸고, 일하고, 깊은 인상을 남길 필요가 없어진다. 그렇다면 이제 어떻게 해야 하는가? 이런 것들을 꿈꾸지 않는다면 **무엇을** 꿈꿔야 하는가?

이 지점에서 세상과 우리의 삶을 이야기로 생각하면 도움이 될 것이다. 이는 문학적 표현이 아니라 사실이다. 세상은 정말로 이야기이며, 당신의 삶도 이야기이고, 내 삶도 이야기이다. 따라서 내가(그리고 당신이) 고민해야 할 문제는 내 삶의 이야기에 어떻게 접근할지에 대한 것이다. 내가 택할 수 있는 기본적인 방향은 두 가지가 있다. 첫째, 나 자신을 내 이야기의 저자라고 생각하고 나를 위한 최상의 플롯과 액션, 결말을 꿈꾼다. 둘째, 나 자신을 나보다 더 큰 이야기의 등장인물로 생각하고 내 삶보다 더 큰 플롯에 내 꿈을 맞춘다.

이 두 가지 선택지 중 무엇을 택할지 결정할 때, 대중문화에서 힌트를 얻으려 한다면 당연히 1번을 선택하게 될 것이다. 수많은 매체의 수많은 콘텐츠에서 힌트를 얻을 수 있겠지만, 그것들은 거의 스스로 내 삶의 저자가 되어 내가 원하는 꿈을 좇는 방향을 이야기한다. 그리하여 엘사는 "내겐 옳은 것도, 그른 것도, 규칙도 없지."라고 노래하고, 프랭크 시나트라는 "나는 내 방식대로 했네."라고 속삭이며, 오프라 윈프리는 보다 직접적으로 "당신 인생의 저자는 당신 자신입니다."라고 말한다.

이런 말들을 들으면 힘이 솟는 듯하다. 적어도 모든 게 내 계획대로 순조롭게 진행될 때는 말이다. 그러나 플롯이 내가 예상치 못한 방향으로 전개될 때는 어떤가? 열심히 노력했지만 일이 뜻대로 안 된다면? 내가 좋아하는 사람이 나를 좋아하지 않거나 중요한 일을 앞두고 질병이 찾아온다면? 그런 순간에는 내가 내 삶의 저자라고 주장하기가 어렵다. 어쨌든 저자는 전지전능한 위치에서 이야기와 모든 사건과 등장인물을 바람직한 결말로 인도할 수 있어야 하기 때문이다.

나는 아무리 간절히 원해도 그렇게 할 수가 없다. 나는 내 선택을 어느 정도 통제할 수 있지만, 다른 사람들의 선택을 통제할 수는 없다. 사실 내 주변에서 일어나는 일들에 대해 내가 할 수 있는 것은 정말로 많지 않다. 현실이 내 뜻대로 되지 않을 때, 이는 내가 내 삶의 저자가 아님을 분명하게 보여 준다. 나는 이야기 안에 있으며 전지전능한 위치에 있지 않기에, 내가 할 수 있는 최선의 선택을 하려고 애쓰는 중이다. 다시 말해서 나는 저자가 아니라 등장인물이다.

이를 무시한 채 계속해서 저자처럼 행동한다면 속이 상하고, 화가 나고, 아마도 몹시 낙심할 것이다. 주변 사람들은 내가 써 준 대본대로 하지 않을 것이고, 내가 나오는 장면이 늘 현실 상황과 일치하지는 않을 것이다. 심지어 내 계획대로 이루어진 일들도 끝까지 바람직한 상태를 유지하지 못하는 경우가 종종 있으며, 결국 내 모든 꿈과 야망은 밀려오는 파도에 부서지는 모래성처럼 흙으로 돌아갈 것이다.

그러나 감사하게도 내 이야기의 중요성은 칼 세이건과 다른 수많은 저명인사가 권한 것처럼, 최선을 다해 내게 가치 있는 목표들을 꿈꾸고 이루는 데 달려 있지 않다. 하나님이 그분의 형상대로 나를 만드시고 나를 위해 죽으실 만큼 나를 사랑하셨다는 사실은, 내 이야기가 내가 쓴 한 권짜리 자서전『어떤 티끌의 생애』(The Life and Times of a Dust Speck)보다 훨씬 더 큰 이야기의 일부라는 결정적인 증거를 제시한다.

더 큰 이야기

하나님은 무언가를 하고 계시며, 그 무언가는 크다. 그것은 나보다 훨씬 더 커서, 창세 전까지 거슬러 올라가고 영원까지 이어진다. 그리고 내가 살아가는 지상의 이 작은 공간과 시간까지 침투해 내게 와닿는다. 나는 놀라서 한 발 뒤로 물러서며 그것을 받아들인다. 과연 나처럼 작은 생명체가 우주보다 크고 놀라운 하나님의 이야기에서 중요할까? 성경은 확실히 그렇다고 답한다. 만유의 왕이 작은 인간을 사랑하시는 것에 대한 놀라움을 노래한 작은 왕 다윗은 이 같은 진실에 대해서도 노래했다.

"주께서 내 내장을 지으시며 나의 모태에서 나를 만드셨나이다 내가 주께 감사하오음은 나를 지으심이 심히 기묘하심이라 주께서 하시는 일이 기이함을 내 영혼이 잘 아나이다 내가 은밀한 데서 지음을 받고 땅의 깊은 곳에서 기이하게 지음을 받은 때에 나의 형체가 주의 앞에 숨겨지지 못하였나이다 내 형질이 이루어지기 전에 주의 눈이 보셨으며 나를 위하여 정한 날이 하루도 되기 전에 주의 책에 다 기록이 되었나이다"(시 139:13-16).

무수한 은하를 만드신 분이 그분의 계획에 따라 내 몸을 지으셨다. 나는 대량 생산된 제품이 아니고 우연의 소산도 아니다. 나는 시대를 초월해 가장 뛰어난 예술가에 의해 주의 깊게 디자인된 살아 있는 예술작품이다. 내 몸의 모든 세부 기관이 하나님의 계획과 의도에 따라 만들어졌다. 하나님은 내가 **그분의 이야기 속 인물**이 되기를 바라셨기 때문이다. 당신은 이 같은 사실을 알고 있었는가?

다윗은 "나를 위하여 정한 날이 하루도 되기 전에 주의 책에 다

기록이 되었나이다"(16절)라고 말했다. 잠시 멈춰서 이 말이 마음 속에 자리 잡게 해 보자. 나를 위해 정하신 날이 하루도 빠짐없이 하나님의 책에 다 기록되어 있다. 하나님은 그분의 이야기 속에 나를 쓰셨다. 내가 설거지하고, 산책하고, 이웃과 날씨에 관한 대화를 나누고, 정치에 관해 토론하고, 아침에 멍한 눈으로 커피를 마시고 하는 등의 모든 일들과 그보다 훨씬 더 많은 일들이 하나님의 손에 의해 하나님의 이야기에 쓰여졌다.

그 책은 하나님의 것이며, 하나님이 그 책의 저자이시다. 이 말은 당연히 나는 저자가 아니라는 뜻이다. 나는 나보다 훨씬 더 큰 이야기 속에 놓인 등장인물이다. 이 이야기는 나의 자서전이 아니다. 그것은 나의 탄생으로 시작하지도 않고, 나의 죽음으로 끝나지도 않는다. 그렇지만 저자이신 하나님은 내게 다른 누구도 대신할 수 없는 역할을 부여하셨다. 그분은 플롯의 빈 곳을 채우기 위해 특별히 나를 창조하셨다. 하나님은 이 작은 나를 그분의 영원한 이야기에 꼭 필요한 존재로 사용하신다. 그것은 당신의 경우도 마찬가지이고, 이는 좋은 소식이다.

그것은 우리 스스로 삶의 의미를 만들어 내야 한다는 끊임없는 압박감에 시달리는 대신, 우리보다 훨씬 더 크고 영원토록 참된 의미가 있는 이야기 안에 우리의 역할이 주어져 있음을 알 수 있다는 뜻이다. 또한 우리의 작은 이름을 길이 남길 만한 업적을 쌓도록 스스로를 몰아 가는 대신, 우리의 작은 이름이 하나님께 이미 알려져 있고, 우리가 이미 사랑받고 있으며, 주의 깊게 만들어졌고, 결코 잊히지 않음을 알 수 있다는 뜻이다. 이는 우리에게 역할이 주어진 그 이야기가 우리의 계획대로 되지 않더라도, 우리의 의미와 목적은 사라지지 않는다는 뜻이다.

참으로 엄청난 일이다. 세상 어디에서 이런 종류의 안전을 찾을 수 있을까? 돈은 잃을 수 있고, 명성은 잊힐 수 있다. 건강이 무너져 질병과 노쇠로 이어질 수 있다. 우리가 가진 것이 자신의 목적을 위해 스스로 생각해 낸 큰 꿈들뿐이라면, 이는 너무 취약해서 온갖 시련으로 인해 쉽게 사라질 수 있다. 플롯이 꼬이면 우리는 계획했던 해피엔딩에서 멀어지며, 우리가 생각해 낸 의미에서 멀어질 수 있다.

그러나 우리에게 생명을 불어넣어 주신 분은 하나님이시며, 그가 그렇게 하신 데는 이유가 있다. 역사(history)는 무수한 사건과 무수한 인물이 등장하는 하나님의 이야기(His Story)이다. 하나님이 쓰고 계시는 이야기는 이미 소실되었거나 잊힌, 무수히 많은 개인의 개별적인 전기로 가득 찬 도서관 같은 게 아니다. 하나님의 이야기는 무수히 많은 인물이 등장하지만, 도입부에서부터 셀 수 없이 많은 페이지를 통해 서서히 문제가 드러나고 갈등이 고조되어 클라이맥스에 도달했다가 마지막 결말에 이르는, 유기적인 전체를 이루는 한 편의 대서사시이다.

하나님은 그분의 이야기에서 죄 된 인간에게 주시는 약속을 쓰시고, 우리가 약속을 지키지 않을 때조차 약속을 지키신다. 하나님은 우리를 일깨워 줄 경고와 심판을 쓰시고, 우리를 끌어당길 평안과 기쁨을 쓰신다. 하나님의 이야기는 열방과 왕과 과부와 고아 그리고 전쟁과 도시와 구원을 포함한다. 플롯이 전개됨에 따라 우리는 인간의 반항이 뿌리 깊고 끈질기다는 것을 거듭 보게 되고, 하나님의 사랑은 훨씬 더 깊고 한결같으시다는 것을 거듭 보게 된다. 클라이맥스는 십자가와 부활이다. 그리고 결말은 말 그대로 천국이다.

하나님의 이야기 속에 있는 당신의 자리를 찾으라

이 모든 이야기의 저자이신 하나님은 당신을 위한 목적을 가지고 계신다. 당신의 삶은 세상에서 가장 큰 이야기의 일부일 수 있다. 당신에게 주어진 이 행성에서의 짧은 시간은 구원과 회복의 대서사시에 기여할 수 있다. 당신이 해야 할 일의 전부는 하나님이 주시는 역할을 받아들이고, 당신 스스로 저자가 되려는 노력을 그만두는 것이다.

하지만 그건 너무 무리한 요구다. 그렇지 않은가? 주인공 역할을 포기하기란 쉽지 않다. 현실을 당신의 꿈에 부합하게끔 쓰려는 것을 그만두기란 쉽지 않다. 삶을 통제하는 것은 불가능하지만, 이를 그만두는 것 또한 쉽지 않다. 통제권을 진짜 저자에게 넘기기란 쉽지 않다.

그것은 상실로 느껴지는데, 거기에는 그럴 만한 이유가 있다. 정말로 상실이기 때문이다. 하나님이 그분의 이야기에서 당신에게 부여하시는 역할은, 당신이 자신의 이야기에서 스스로 부여하는 역할과 같지 않을 것이다. 하나님의 이야기에는 완벽한 결혼 생활이나 화려한 경력, 인플루언서의 지위처럼 당신이 원하는 좋은 역할이 포함되어 있지 않을 수 있다. 혹은 포함되어 있을 수도 있다. 나는 당신 이야기의 저자가 아니라서 잘 모른다.

내가 아는 바는 이것이다. 그 어떤 근사한 꿈이나 선물도 그것이 주는 이로부터 분리되어 있다면, 당신을 만족시키거나 당신이 갈망하는 흔들리지 않는 기쁨과 생명을 주지 못한다는 사실이다.

로맨스는 당신의 이기적인 성향을 치유하지 못한다. 승진은 모든 사람의 마음속에 당신에 대한 존경심을 심어 주지 못하며, 심지어 당신의 마음속에도 스스로에 대한 존경심을 심어 주지 못한다. 더 많은 수입은 당신의 모든 문제를 해결해 주지 못하며, 오히려 몇 가지 새로운 문제를 불러올 것이다. 이 모든 꿈은 나쁘지 않지만, 그 어떤 꿈도 하나님이 주시는 꿈과는 비교할 수 없다.

당신은 스스로를 위해 위대한 것들을 꿈꾸는가? 하나님을 알고 그분의 사랑을 경험하는 것보다 더 위대한 것은 없다. 당신은 후세에 길이 남을 업적을 쌓고자 하는가? 하나님 나라보다 더 영원한 것은 없다. 당신은 사람들이 당신의 이름을 알아주기를 원하는가? 당신을 지으신 분은 이미 알고 계신다. 당신은 권력과 영향력이 있는 집단의 일원이 되고 싶은가? 만왕의 왕의 자녀들은 그분의 어전에서 늘 환영받는다(히 4:16). 당신은 세상을 더 낫게 만드는 데 일생을 바치고자 하는가? 하나님은 세상에서 가장 위대한 구원 이야기 속에 당신의 고유한 자리를 마련해 놓으셨다.

예수님은 그분의 백성을 그분의 신부로, 지상에서의 그분의 몸으로, 그분의 왕국의 대사로, 하나님의 성전으로 묘사하신다. 하나님이 우리 안에 새 생명의 씨앗을 심어 놓으셨고, 이 씨앗이 자라나 열매를 맺는다. 우리는 그분의 빛을 비추고, 그분의 사랑으로 사랑하며, 그분의 생명력 안에서 살아간다. 하나님 나라의 모든 시민에게는 모든 날, 모든 순간이 영원한 의미를 띠고 살아나며, 끝없이 이어지는 하나님 나라를 시공간 속에 펼쳐 보인다.

문지기와 왕

상상해 보라! 작은 나와 작은 당신에게 '영원한 대서사시'에서의 역할이 주어졌다! 다른 사람들이 그것을 중요한 역할로 여기든 하찮은 역할로 여기든 그게 무슨 상관인가! 당신은 역사상 가장 위대한 이야기의 한 부분, 저자가 당신을 위해 특별히 마련한 한 부분을 맡고 있다. 하나님이 쓰시는 이야기의 가장 작은 역할도 당신이 쓰는 이야기의 주인공 역할보다 낫고 훨씬 더 의미 있다. 여기 이스라엘의 작은 왕이 그의 심정을 토로한 글이 있다.

"주의 궁정에서의 한 날이 다른 곳에서의 천 날보다 나은즉 악인의 장막에 사는 것보다 내 하나님의 성전 문지기로 있는 것이 좋사오니"(시 84:10).

문지기들은 그리 주목받지 못한다. '올해의 문지기 상' 같은 것은 없으며, 만약 레드 카펫이 깔린다면 그들은 그 옆에 서 있지, 카펫 위를 걷지는 않는다. 사람들의 무리와 사진작가들은 그들이 마치 배경의 일부라도 되는 것처럼 눈길 한 번 주지 않고 그 곁을 스쳐 지나간다.

반면에 왕들에게는 많은 사람의 관심이 집중된다. 그들은 문을 여는 등의 단순한 일을 하는 미천한 하인들보다 훨씬 더 위에, 인간 사회의 최상층에서 살아간다. 그러나 여기 뛰어난 업적으로 주목받기보다는, 비록 그가 하는 일이 문을 여는 일에 불과할지라도 하나님 곁에 있기를 염원하는 왕이 있다.

문을 여는 것은 대단한 일이 아니다. 누구라도 할 수 있는 일이다. 사실 어린아이를 포함해서 모든 사람이 매일 같이 그 일을 한다. 중요한 것은 그게 아니다. 그 작은 왕은 어떤 일의 중요성이란, 그 일이 얼마나 대단한지 혹은 얼마나 전문적인지에 있지 않으며, 그 일을 하는 동안 얼마나 하나님께 가까이 있을 수 있는지에 있음을 알았다.

다윗은 하나님 곁에서 하찮은 일을 하며 하나님을 섬기는 하루를, 하나님으로부터 멀리 떨어져 자신의 큰 꿈을 이루기 위해 애쓰는 천 일보다 낫게 여긴다. 그는 하나님의 책에서는, 하나님과 동행하면서 신실하게 하나님을 섬기는 문지기들이 저자의 위치를 포기하지 않는 유명 인사들보다 더 높이 평가받는다는 사실을 알고 있었다.

예수님도 비슷한 말씀을 하셨다.

"또 누구든지 제자의 이름으로 이 작은 자 중 하나에게 냉수 한 그릇이라도 주는 자는 내가 진실로 너희에게 이르노니 그 사람이 결단코 상을 잃지 아니하리라"(마 10:42).

또한 이렇게 말씀하셨다.

"사람이 만일 온 천하를 얻고도 제 목숨을 잃으면 무엇이 유익하리요 사람이 무엇을 주고 제 목숨과 바꾸겠느냐"(마 16:26).

다시 말해, 우리는 성공 사다리의 꼭대기에 오르고도 모든 것을 잃을 수도 있고, 하나님 나라를 위해 냉수 한 그릇이라도 내어 줌으로써 영원한 상급을 받을 수도 있다. 메시지는 분명하다. 지금 여기서 우리가 하는 행동의 중요성은 부와 명예로 인해 결정

되지 않고, 하나님과 그분의 이야기 그리고 그분의 영원한 나라와의 관계에 의해 결정된다는 것이다.

이것이 우리를 자유롭게 한다. 하나님의 이야기에 당신의 꿈을 맞추는 것은, 당신의 성취가 인간적인 관점에서 괜찮은지 여부를 염려하지 않고 "먼저 그의 나라와 그의 의를"(마 6:33) 구할 수 있음을 의미한다.

당신은 기쁘고 감사하게 하나님의 보다 큰 이야기 안에 있는 당신의 자리를 받아들임으로써, 당신 스스로 저자가 되려는 데서 오는 압박감에서 벗어날 수 있다. 당신은 특별한 목적으로 이 시간과 장소에 놓인 인물일 수 있으며, 모든 세부 사항이 의미가 있음을 알고 확신하기 위해 모든 것을 알거나 통제할 필요가 없다.

비록 계획대로 되지 않더라도 당신의 삶은 여전히 더 크고 더 낫고 더 아름다운 계획의 일부일 수 있다는 뜻이다. 창조주가 그분의 이름으로 건네는 냉수 한 그릇에도 상을 주신다는 사실을 알기에, 당신은 세상 사람들이 대수롭지 않게 여기는 꿈을 좇을 자유가 있다는 뜻이다. 당신은 하나님이 크고 작은 모든 순종을 사용하셔서 그분의 이야기를 당신의 그 어떤 이야기보다 더 나은 대단원의 결말로 이끌어 가고 계심을 알 수 있다.

역사의 거대한 흐름 안에서 당신의 역할은 극히 미미할지라도 그 이면에는 목적이 있다. 비록 보잘것없을지라도 당신의 삶은 더 큰 이야기의 일부이다. 그것은 구원과 생명의 이야기이고, 사랑과 상실과 회복의 이야기이며, 상상을 초월한 영원한 행복의 아름다운 이야기이다.

그것은 하나님의 이야기이다. 그리고 당신이 하나님께 속해 있다면, 그것은 당신의 이야기이기도 하다. 당신은 아직도 스스로 이야기를 쓰고자 하는가, 아니면 영원한 대서사시 속의 당신의 자리를 받아들일 준비가 되어 있는가?

05

DREAM SMALL

예수님의 거꾸로 놓인 사다리

낮은 데로 임하신 예수님
확신 가운데 낮아지시다
낮아지사 영광에 이르시다
사다리 바로 놓기

너희 중에 큰 자는 너희를 섬기는 자가 되어야 하리라
누구든지 자기를 높이는 자는 낮아지고
누구든지 자기를 낮추는 자는 높아지리라 (마 23:11-12).

새로 온 아이는 쉽게 사람들과 친해졌다. 그 아이가 농담을 하면 사람들이 웃었고, 나도 따라 웃었다. 그 아이는 친절했고, 모두 그 아이를 좋아했다. 하지만 사람들은 나를 좋아하지 않았다. 이 사실 하나만 빼면, 내가 그 아이를 싫어할 이유가 없었다. 나는 아주 어렸을 때부터 다니던 교회의 청소년부에서 활동한 지 몇 년이 되었지만, 내가 농담을 하면 사람들은 못 들은 체하기 일쑤였다. 내가 더 크게 말하면 그들의 얼굴은 굳어졌다.

나는 말을 멈췄고, 그들은 내가 없는 것처럼 행동했다. 결국 나는 시선을 내리깐 채 되도록 사람들 눈에 띄지 않으려고 실내의 가장자리에 머물기로 했다. 하지만 문제가 하나 있었다. 가장자리에는 시선을 아래로 향한 채 사람들의 눈길을 끌지 않으려는 사람들이 이미 많이 있었다.

나는 새로 온 아이와, 그 아이가 '중심에 있는 사람들' 사이에서 환영받는 데 관심이 쏠려서, 그곳에 다른 사람들이 있다는 사실을 잊고 있었다. 그러나 거기, 바로 내 앞에 그들이 있었다. 우리는 함께 주변부의 사람들이 되어 시선을 내리깐 채 벽을 이루고 있었다. 비록 시선은 아래로 향하고 있었지만, 우리는 하나같이 수용과 인기의 사다리를 오를 방법을 찾고 있었다. 우리는 우리보다 위에 있는 사람들을 존경했고, 그들이 끊임없이 우리를 밀어내도 그들의 규칙에 따라 행동했다.

그러나 그날 밤, 내가 주위를 돌아보았을 때는 무언가 달랐다. 갑자기 내 주변의 거부당한 사람들이 더 이상 보잘것없는 사람들, 그들과 어울릴수록 내 사회적 지위가 더 낮아지는 듯한 사회적 약자들로 보이지 않았다. 불현듯 그들이 나와 같은 사람으로 보였다.

그날 밤, 내 안의 무언가가 달라지기 시작했다. 나는 그들이 어떤 사람들이고 무엇에 관심이 있는지 알고 싶었다. 하나님이 왜 그들을 그렇게 만드셨는지 알고 싶었고, '중심에 있는 사람들'과 같은 잣대가 아니라 하나님이 보시는 방식대로 그들을 보고 싶었다. 나는 차츰 '중심에 있는 사람들'이 틀렸음을 알게 되었다. 하나님은 주변부의 사람들을 그분의 형상대로 만드셨으며, 그들을 사랑하신다. 하나님은 또한 바울이 고린도전서에서 말한 것처럼 그분의 영원한 나라를 '중심에 있는 사람들'이 하찮게 여기는 이런 사람들로 채우고자 하신다.

"형제들아 너희를 부르심을 보라 육체를 따라 지혜로운 자가 많지 아니하며 능한 자가 많지 아니하며 문벌 좋은 자가 많지 아니하도다 그러나 하나님께서 세상의 미련한 것들을 택하사 지혜 있는 자들을 부끄럽게 하려 하시고 세상의 약한 것들을 택하사 강한 것들을 부끄럽게 하려 하시며 하나님께서 세상의 천한 것들과 멸시 받는 것들과 없는 것들을 택하사 있는 것들을 폐하려 하시나니"(고전 1:26-28).

주변부의 사람들이 하나님께 그토록 가치가 있다면, 나 역시 그들을 알고 싶다. 그들이 하나님께 그토록 소중하다면 내게도 소중한 사람들이었으면 한다. 그날 밤 청소년부실에 들어갈 때 나는 가장 영향력 있는 이들을 찾아서, 깊은 인상을 심어 주고 사회적 성공의 사다리를 오르고 싶었다. 그러나 그곳을 나올 때는 새로운 목표가 생겼다. 나는 그날 밤에 나처럼 느꼈을 사람들을 찾아서 그들과 어울리며 그들이 고개를 들고 다니게 해 주고 싶었다. 그곳의 모든 사람을, 하나님의 사랑을 받고 나의 존경과 관심을 받기에 합당한 사람들로 여기고 싶었다.

이는 분명 사회적 성공의 사다리를 오르기 위한 가장 효율적인 방법은 아니다. 모든 사람을 이렇게 대하는 것은 오히려 그와는 반대의 효과를 낳을 때가 더러 있다. 왜냐하면 '중심에 있는 사람들'에게는 누구를 사귀어야 하는지(그리고 누구를 사귀지 말아야 하는지)에 대한 규칙이 있기 때문이다. 하지만 나는 그런 것에 신경 쓰지 않는다. 이제 나는 주변부의 사람들이 성공 사다리보다 더 중요하다는 것을 알기 때문이다. 예수님이 어떻게 사셨는지 보라.

낮은 데로 임하신 예수님

예수님은 천국에서 권세와 특권을 누리셨기에, 당신은 그분이 이 땅에 오실 때 사회의 최상층으로 오시기를 기대했을지도 모른다. 예수님은 이 땅에 오시면서 세상이 제공하는 가장 좋은 것들을 요구하실 수 있었고, 그분의 요구는 정당했을 것이다. 지상에 와서 섬김을 받을 권리가 있는 이가 있다면 바로 예수님일 것이다. 그렇기에 그분의 접근 방식은 더욱 놀랍게 다가온다. 요한복음 13장을 보자.

"저녁 먹는 중 예수는 아버지께서 모든 것을 자기 손에 맡기신 것과 또 자기가 하나님께로부터 오셨다가 하나님께로 돌아가실 것을 아시고 저녁 잡수시던 자리에서 일어나 겉옷을 벗고 수건을 가져다가 허리에 두르시고 이에 대야에 물을 떠서 제자들의 발을 씻으시고 그 두르신 수건으로 닦기를 시작하여 … 그들의 발을 씻으신 후에 옷을 입으시고 다시 앉아 그들에게 이르시되 내가 너희에게 행한 것을 너희가 아느냐 너희가 나를 선생이라 또는 주라 하니 너희 말이 옳도다 내가 그러하다 내가 주와 또는 선생이 되어 너희 발을 씻었으니 너희도 서로 발을 씻어 주는 것이 옳으니라 내가 너희에게 행한 것 같이 너희도 행하게 하려 하여 본을 보였노라 내가 진실로 진실로 너희에게 이르노니 종이 주인보다 크지 못하고 보냄을 받은 자가 보낸 자보다 크지 못하나니 너희가 이것을 알고 행하면 복이 있으리라"(요 13:3-5, 12-17).

창조주 하나님의 아들, 형용할 수 없을 만큼 존귀하신 분, 모든 것이 그분의 손에 맡겨졌음을 잘 아시는 분이 스스로 작아지셨다. 그리고 스스로 낮아지셨다. 만왕의 왕이 "섬김을 받으려 함이 아니라 도리어 섬기려"(마 20:28) 오셨다. 명성과 권세와 권위와 특권을 가질 모든 권리가 있는 분이 허리를 굽혀 평범한 사람 열두 명의 냄새 나는 발을 씻어 주셨다. 심지어 잠시 후에 자신을 배반할 사람의 지저분한 발도 씻어 주셨다.

그렇게 예수님은 권세와 특권에 대한 우리의 모든 생각과 위대함과 영광에 대한 우리의 모든 기준을 뒤바꿔 놓으셨다. 그분은 사람들이 갈망하는 부와 권세를 우리가 상상하는 것 이상으로 가지고 계셨다. 하지만 그러한 것들을 모두 내려놓으시고 보통 사람들, 부와 권세를 가진 사람들에게 무시당하고 억압받는 평범한 사람들을 섬기셨다.

천국의 왕은 지상에서의 시간 대부분을 세리와 죄인, 교육받지 못한 어부들과 보내셨다. 그분은 앞서 나아가기 위한 기존의 규칙을 무시하셨고, 당대 엘리트들의 심기를 거스르셨으며, 어린아이와 평판이 안 좋은 여인, 가난한 자와 인기 없는 부자(세리 삭개오 같은), 병을 앓는 거지들처럼 사회적 지위 향상에 아무 도움이 안 되는 사람들을 위해 애쓰셨다.

예수님은 자신이 누구인지 잊지 않으셨다. 그분은 자신이 정확히 어디서 왔으며 어디로 가는지 알고 계셨다. 제자들의 발을 씻어 주실 때에도 예수님은 "아버지께서 모든 것을 자기 손에 맡기신 것과 또 자기가 하나님께로부터 오셨다가 하나님께로 돌아가실 것을"(요 13:3) 알고 계셨다. 그분은 우주의 진정한 권세로서 자신의 위치와 곧 다시 천국 보좌에 오르실 것을 알고 계셨다. 그런데 그런 예수님이 무엇을 하셨는가? 감사할 줄 모르는 작은 인간들의 지저분한 발을 씻어 주시고, 그들의 죄를 대속하려 십자가로 향하셨다. 스스로 낮아지셔서 사람들을 섬기셨다. 그렇게 함으로써 무엇을 이룰지 아셨기에 죽기까지 사람들을 섬기셨다.

확신 가운데 낮아지시다

죽기까지 사람들을 섬기신 예수님의 본을 따르고자 한다면, 나도 예수님처럼 내가 누구이며 어디로 가는지 알아야 한다.

나는 하나님의 형상대로 만들어졌다. 하나님이 친히 내 몸에 생기를 불어넣으셨고, 거기에는 이유가 있었다. 하나님은 그분의 책에 내 이름을 쓰셨다. 그분은 나를 사랑하셨고, 나를 그분에게로 돌아오게 하시려고 목숨을 바치셨다.

이것이 바로 나의 정체성이다. 그렇다면 나는 어디로 가는가? 하나님은 그분의 자녀인 나를 그분의 영원한 나라, 하나님의 백성이 그분의 다함 없는 풍요를 경험하는 나라로 데려가 주시겠다고 약속하셨다. 시편 말씀을 보라.

"그들이 주의 집에 있는 살진 것으로 풍족할 것이라 주께서 주의 복락의 강물을 마시게 하시리이다 진실로 생명의 원천이 주께 있사오니 주의 빛 안에서 우리가 빛을 보리이다"(시 36:8-9).

예수님은 그분의 정체성과 영광스러운 미래를 잘 아셨기에 모든 이권을 포기하셨다. 따라서 당신과 나도 하나님 안에서 우리의 정체성과 우리에게 주어질 미래에 대한 하나님의 약속을 확신한다면, 지금 여기서 다른 사람들을 섬길 수 있을 것이다. 어떤 대가가 따르더라도 말이다. 어쩌면 당신은 성공의 사다리를 오르는 것을 중요하게 생각하는 사람들로부터 존중받지 못할 수도 있다. 사람들이 무시하는 이에게 시간과 관심을 준다는 이유로 사람들로부터 무시당할 수도 있다. 당신 자신을 위해 쓸 수도 있었던 자원과 에너지를 다른 사람들을 위해 써야 할 수도 있다.

그러나 우주 만물을 지으신 하나님이 이미 당신에게 천국의 영원한 보물을 주셨는데, 당신에게 얼마나 더 많은 자원이 필요하겠는가? 당신의 이름이 이미 하나님께 알려져 있고 그분의 책에 영구히 기록되어 있는데, 당신에게 얼마나 더 많은 지위가 필요하겠는가? 지상에서 당신이 베푼 그 어떤 것도 하나님이 이미 그분의 자녀에게 주신 풍요에는 비할 바가 못 된다.

당신이 하나님께 속해 있다면, 주님을 본받아 주변 사람들을 섬기고 그들에게 그분의 풍요를 나눠 주면서도 아무것도 잃지 않음을 확신할 수 있다. 예수님이 거듭 약속하신 축복과 상급은 자신을 위해 큰 꿈을 꾸는 사람에게는 주어지지 않으며, 오히려 예수님이 천국을 떠나오신 이유인 그 작은 사람들을 사랑하고 소중히 여기며 그들을 위해 자기를 희생하는 사람들에게 돌아간다.

낮아지사
영광에 이르시다

예수님은 작은 사람들을 구원하러 오셨다. 그분이 가장 작고 가장 낮은 사람들에게 오셨다는 사실도 놀랍지만, 그보다 더 놀라운 것은 애초에 그분이 우리에게 오셨다는 사실 자체이다. 예수님의 아래로 향한 가장 큰 발걸음은 천국을 떠나신 것이었다.

그 거대한 도약이 있고 난 이후로 사회적 계층 이동을 위한 사람들의 발걸음은 미미한 것일 수밖에 없다. 지상의 어떤 장엄한 궁전도 천국 보좌에 계시던 분에게는 그리 대단한 것이 못 된다. 우주의 한 점 티끌에 불과한 지구상의 그 무엇도 그분이 떠나오신 곳에는 비할 바가 못 된다.

예수님은 인간 세상의 권세와 특권 같은 겉치레, 우리 주변의 진귀하고 아름다운 것들을 소유하는 것이 우리를 더 가치 있게 해 준다는 거짓말, 다른 사람들에게 섬김을 받는 것이 우리를 가치 있는 사람으로 만들어 준다는 허구를 꿰뚫어 보셨다. 이 땅에 오실 때 예수님은 성공 사다리의 가장 아래쪽으로 오셨다. 그분은 우리의 규칙대로 인생게임을 하지 않으셨다. 예수님의 섬김 여정은 권세에 관한 우리의 일반적인 생각과 다르며, 인생에서 우리가 일반적으로 우선시하는 것들과 다르다.

하나님께서 "이는 내 생각이 너희의 생각과 다르며 내 길은 너희의 길과 다름이니라"(사 55:8)고 말씀하신 것도 전혀 이상할 게 없다. 예수님은 구주로 오셨지만, 가장 미천한 하인처럼 사람들의 지저분한 발을 씻어 주셨다. 그분은 우리의 성공 사다리를 의도적으로 거꾸로 놓으셨다. 그리고 이렇게 말씀하셨다. "너희가 이것을 알고 행하면 복이 있으리라"(요 13:17).

개인적 야망을 위해 높아지는 대신 다른 사람들을 섬기려고 낮아지는 데 성공 사다리를 사용한다면 복이 있을 것이다. 자신을 위해 다른 사람들을 이용하는 대신 다른 사람들을 섬기는 데 헌신한다면 복이 있을 것이다. 스스로 낮아져서 다른 사람들을 끌어올리는 데 최선을 다한다면 복이 있을 것이다.

하나님 나라에서는 "나중 된 자로서 먼저 되고 먼저 된 자로서 나중"(마 20:16) 될 것이다. 예수님은 말씀하셨다.

> "너희 중에 큰 자는 너희를 섬기는 자가 되어야 하리라 누구든지 자기를 높이는 자는 낮아지고 누구든지 자기를 낮추는 자는 높아지리라"(마 23:11-12).

이 말씀을 다시 한번 읽어 보라. 이 말씀이 믿어지는가? 하나님 나라에서 위대함의 기준은 다른 사람들을 얼마나 잘 섬겼느냐이고, 영예로움의 기준은 얼마나 겸손한가이다. 영광에 이르는 길은 낮아지는 길이다. 우리는 복과 기쁨과 만족을 얻기 위해 땀을 뻘뻘 흘리며 높은 곳으로 올라간다. 하지만 예수님은 이 모든 것과 그보다 훨씬 더 많은 것들이 바로 우리 발밑에, 어부의 발가락 사이에 낀 진흙처럼 평범한 것들 속에 있다고 말씀하신다.

뭔가 거꾸로 된 듯하다. 천국의 위계질서가 뒤집히는 듯 보인다. 그러나 사실은 우리가 사는 세상의 위계질서가 뒤집힌 것이다. 예수님의 혼란스러워 보이는 삶의 방식은 우리가 모두 그렇게 살도록 의도된 삶의 방식이다. 그것이 그토록 이상해 보이는 이유는 우리가 하나님을 거역함으로써 그분의 선하신 계획으로부터 멀어졌기 때문이다. 우리는 세상의 모든 사다리와 꿈을 뒤집어 놓았고, 예수님은 그것을 다시 바로 놓으셨다.

사다리
바로 놓기

하나님이 당신의 시각을 바로잡아 주실 때, 당신은 하나님 나라에서 누리는 영예가 인간 사회에서 누리는 그 어떤 지위나 영향력보다 훨씬 더 가치 있음을 깨닫게 될 것이다. 당신의 왜소함에 겸허해질 것이고, 하나님께 사랑받고 하나님의 영원한 대서사시에서 역할을 맡은 것에 크게 기뻐할 것이다.

하나님이 당신의 주변 사람들에게 두신 가치를 알게 되고, 그들의 꿈이나 성공을 기준으로 그 가치를 판단하는 것을 그만두게 될 것이다. 당신이 만나는 모든 사람이 하나님의 형상대로 지음 받았으며, 그들에게는 인류의 모든 바벨탑이 무너진 후에도 오래도록 지속될 영혼이 있음을 알게 될 것이다. 이런 것들을 알게 될 때, 당신의 우선순위가 바뀌고 당신의 꿈이 바뀔 것이다.

당신의 접근방식 또한 달라질 것이다. 이번 주에 당신이 가게 될 장소에 대해 생각해 보라. 그곳에는 어떤 사람들이 있는가? 그곳에 가서 사람들을 만날 때, 당신의 목표는 무엇이 될까? 이 질문에 대한 답이 그 장소 자체나 그곳에서의 당신의 위치보다 중요하다. 그곳이 임원회의실이든 교실이든 창고든 파티장이든 그런 것은 중요하지 않다. 사람들이 있는 곳이라면 그곳이 어디든 당신에 대한 깊은 인상을 심어 줄 방법이 있고, 사람들의 관심을 끌 만한 것들이 있으며, 당신의 사회적 지위를 끌어올려 줄 만한 대화들이 있다.

당신의 꿈과 에너지를 당신 자신을 높이는 데 집중한다면, 당신은 다른 사람들보다 앞서 나갈 수 있다. 그리고 당신에 대한 하나님의 계획보다 앞서 나갈 수 있다. 하나님이 사랑하시는 사람들보다, 베푸는 기쁨보다, 낮은 자세로 섬기는 사람들에게 하나님이 주시는 영예보다 앞서 나갈 수 있다.

그러나 예수님은 "너희 중에 큰 자는 너희를 섬기는 자가 되어야 하리라"(마 23:11)고 말씀하신다. 섬기는 자는 자신을 높이려고 해서는 안 된다. 섬기는 자는 섬기러 들어가야 한다. 당신은 이번 주에 가게 될 장소에서 어떻게 사람들을 섬기고자 하는가?

예수님은 자신처럼 성공 사다리를 거꾸로 놓는 사람들에게 복이 있다고 약속하셨다. 이 복 중의 일부는 그분의 영원한 나라에서 받게 될 상급이다. 또 다른 일부는 지금 경험하는 것들이다.

예를 들어 사회적인 상호 이익을 기반으로 하지 않은 관계에서 자라나는 깊은 우정이라든가, 사회적 지위 향상을 위한 예측 불가한 규칙에 따라 행동하지 않아도 되는 데서 오는 놀라운 자유이다. 그리고 사람들에게 깊은 인상을 심어 주거나, 인맥을 쌓거나 관심을 끌기 위해서가 아니라 섬기러 가는 데서만 오는 확신 같은 것들이 있다. 사다리를 거꾸로 놓으면 함께하는 기쁨이 혼자만의 외로운 성공보다 좋고, 우정이 부보다 나으며, 사람들이 세상 그 무엇보다 소중함을 발견할 것이다.

우리를 둘러싼 세상은 섬김을 받는 것을 위대함의 척도로 삼는다. 세상은 섬김을 받는 사람들, 높은 위치에서 사람을 부리는 큰 권력을 가진 사람들을 복 받은 사람으로 여긴다. 그러나 천국의 왕은 동의하지 않으신다. 그분은 보좌에서 내려와 가장 미천한 하인처럼 사람들의 발을 씻어 주셨으며, 천국의 영광은 겸손한 사람들의 몫이라고 말씀하셨다. 그리고 가장 큰 복은 다른 사람들을 섬기느라 자신을 희생하는 사람들에게 돌아간다고 말씀하신다.

세상은 이런 삶의 방식이 틀렸다고 생각하며 이런 꿈을 하찮게 여기지만, 예수님은 "너희 중에 큰 자는 너희를 섬기는 자가 되어야 하리라 누구든지 자기를 높이는 자는 낮아지고 누구든지 자기를 낮추는 자는 높아지리라"(마 23:11-12)고 말씀하신다. 나의 구주는 그분의 영원한 나라, 기쁨으로 섬기는 것이 가능한 나라, 세속적인 권세와 특권의 영역과는 완전히 다른 나라에 내 자리를 마련해 두셨다. 나의 왕은 성공 사다리를 거꾸로 놓으시고 높은 곳에 이르는 길이 내리막길임을 보여 주셨다. 그리고 직접 그 길을 밝히셨다.

"너희가 이것을 알고 행하면 복이 있으리라"(요 13:17).

06

DREAM SMALL

하나님의 기준으로 살아가기

결말을 알고 살기
나는 지극히 작은 자다
주변의 필요에 눈뜨기

임금이 대답하여 이르시되 내가 진실로 너희에게 이르노니
너희가 여기 내 형제 중에 지극히 작은 자 하나에게 한 것이
곧 내게 한 것이니라 하시고 (마 25:40).

1920년대 시카고 도심, 형편이 어려운 젊은이들에게 음식과 잠자리와 도움 및 복음에 기초한 지원을 제공하기 위해 설립된 기독교청년회(YMCA)의 문이 열렸다. 문을 열고 들어온 사람은 실의에 빠진 젊은이였다. 그리고 그 젊은이를 맞아 준 사람은 내 증조부인 호레이스 피치였다.

사실 호레이스는 문간에 있지 않아도 괜찮았다. 그는 기독교청년회 내부의 더 높은 지위를 제안받았다. 그는 요직에 있으면서 조직에 영향력을 행사할 수도 있었고, 보다 눈길을 끄는 직함을 가질 수도 있었고, 더 많은 연봉을 받을 수도 있었지만, 모두 고사했다. 그는 문간에 머물고 싶어 했다. 그곳에 들어오는 좌절한 젊은이를 반갑게 맞이하는 첫 번째 사람이 되고 싶었기 때문이다. 그리고 수년, 아니 수십 년 동안 그는 어려운 상황에 놓인 많은 젊은이를 반갑게 맞이했다.

호레이스는 가진 게 많지 않았다. 그는 대공황 때 집과 세간살

이 전부를 잃고서 가족을 데리고 이사한 뒤 맨주먹으로 다시 시작했으며, 꾸준히 다른 사람들을 위해 헌신했다. 그의 사후에 누군가 그를 이렇게 묘사했다. "그는 대화할 때 상대방에게 중요한 사람이 된 듯한 느낌이 들게 하는 그런 사람이었어요." 호레이스는 상대방이 누구든, 그가 어떤 어려움에 놓였든 진정으로 그 사람을 귀하게 여겼다. 그는 많은 세상 사람들이 이방인으로 여기고 무시하는 사람들을 섬기는 데 평생을 바쳤다.

시편 84편에서 다윗왕은 하나님 없이 호화롭게 살기보다는 하나님의 성전 문지기가 되겠다고 말했는데, 내 증조부는 실제로 그런 삶을 살았다. 그가 사망했을 때 장례식에서 낭독된 조사에는 그의 생애가 짧은 한 문장, '친구 없는 사람들의 친구였다.'라는 말로 요약되어 있다. 그것은 "세리와 죄인"(눅 5:30)의 친구로 알려진 예수님의 모범을 따른 삶이었다. 예수님은 세리와 죄인, 즉 사람들이 그들의 사회적 지위에 부정적인 영향을 미칠까 두려워 가까이하지 않으려는 사람들을 영접하셨으며, 그들을 귀히 여기셨다. 호레이스도 그리했고, 우리도 그리해야 한다.

하나님은 그분의 형상대로 만드신 사람들을 무시하고 함부로 대하는 것을 좋게 여기지 않으신다. 우리는 그들이 우리의 이야기가 아니라 하나님의 이야기에서 맡은 역할을 보아야 한다. 오늘 당신이 만나는 모든 사람은 하나님의 이야기에서 맡은 역할을 위해 주의 깊게 창조된 사람들이다. 하나님은 그들을 만드실 때 실수하지 않으셨다. 오늘 당신이 만나는 모든 사람은 하나님께 나아와 용서받고 그분의 가족이 되도록 초청받았다. 이는 오늘 당신이 만나는 모든 사람이 하나님의 더없이 아름다운 예술작품이며, 그들 중 일부는 이미 하나님의 양자임을 의미한다.

나는 자녀를 둔 아버지로서 누군가 내 아이들에게 함부로 하면, 마음이 상하고 상대방에 대한 부정적인 감정이 생긴다. 반면에 누군가 내 아이들에게 잘해 주면, 그것을 개인적인 호의로 받아들인다. 이런 느낌을 받는 사람이 나뿐만은 아닐 것이다. 예수님은 하나님도 우리가 하나님의 자녀를 대하는 모습에 동일한 느낌을 받으신다고 분명히 말씀하신다.

"인자가 자기 영광으로 모든 천사와 함께 올 때에 자기 영광의 보좌에 앉으리니 모든 민족을 그 앞에 모으고 각각 구분하기를 목자가 양과 염소를 구분하는 것 같이 하여 양은 그 오른편에 염소는 왼편에 두리라 그 때에 임금이 그 오른편에 있는 자들에게 이르시되 내 아버지께 복 받을 자들이여 나아와 창세로부터 너희를 위하여 예비된 나라를 상속받으라 내가 주릴 때에 너희가 먹을 것을 주었고 목마를 때에 마시게 하였고 나그네 되었을 때에 영접하였고 헐벗었을 때에 옷을 입혔고 병들었을 때에 돌보았고 옥에 갇혔을 때에 와서 보았느니라 이에 의인들이 대답하여 이르되 주여 우리가 어느 때에 주께서 주리신 것을 보고 음식을 대접하였으며 목마르신 것을 보고 마시게 하였나이까 어느 때에 나그네 되신 것을 보고 영접하였으며 헐벗으신 것을 보고 옷 입혔나이까 어느 때에 병드신 것이나 옥에 갇히신 것을 보고 가서 뵈었나이까 하리니 임금이 대답하여 이르시되 내가 진실로 너희에게 이르노니 너희가 여기 내 형제 중에 지극히 작은 자 하나에게 한 것이 곧 내게 한 것이니라 하시고 또 왼편에 있는 자들에게 이르시되 저주를 받은 자들아 나를 떠나 마귀와 그 사자들을 위하여 예비된 영원한 불에 들어가라 내가 주릴 때에 너희가 먹을 것을 주지 아니하였고 목마를 때에 마시게 하지 아니하였고 나그네 되었을 때에 영접하지 아니하였고 헐벗었을 때에 옷 입히지 아니하였고 병들었을 때와 옥에 갇혔을 때에 돌보지 아니하였느니라 하시니 그들도 대답하여 이르되 주여 우리가 어느 때에 주께서 주리신 것이나 목마르신 것이나 나그네 되신 것이나 헐벗으신 것이나 병드신 것이나 옥에 갇히신 것을 보고 공양하지 아니하더이까 이에 임금이 대답하여 이르시되 내가 진실로 너희에게 이르노니 이 지극히 작은 자 하나에게 하지 아니한 것이 곧 내게 하지 아니한 것이니라 하시리니"(마 25:31-45).

예수님은 우리가 이야기의 마지막 페이지를 먼저 읽을 수 있도록 책의 결말 부분을 살짝 보여 주신다. 결말부터 먼저 읽으면 긴장감이 사라지기 때문에 나는 우리 아이들에게 결말부터 읽지 말라고 말하지만, 예수님께는 다른 뜻이 있으셨다. 예수님은 그분의 이야기가 어디로 향할지를 우리가 알고 그 안에서의 우리 역할을 보다 잘 이해할 수 있기를 바라셨다. 이는 우리에게 좋은 일인데, 왜냐하면 결말이 우리의 예상을 벗어나 있기 때문이다. 예수님이 살짝 보여 주신 부분만 해도 놀라움으로 가득하다.

결말을
알고 살기

성공에 대한 하나님의 기준은 우리와 다르다. 놀랍게도 예수님은 마지막 심판의 날에 우리가 권력과 영향력의 전당에 얼마나 가까이 다가갔는지를 보지 않으신다. 그보다는 우리가 고통의 전당(병원과 교도소, 차가운 거리와 깨어진 가정처럼 눈물과 필요가 있는 모든 곳)에 있는 사람들에게 얼마나 가까이 다가갔는지에 관심이 있으시다.

예수님은 우리의 명성과 추종자들 또한 고려하지 않으신다. 그분은 우리가 다른 사람들에게 잘하는 모습을 보기 원하신다. 예수님이 그들 한 사람 한 사람을 만드셨고, 은혜를 갚을 힘이 없는 사람들에게 우리가 어떻게 하는지에 특히 관심이 있으시다. 그들에 대한 우리의 태도는 우리가 하나님의 사랑을 진정으로 알고 이해하는지에 대한 기준점이다.

"지극히 작은 자"(마 25:40)에 대한 우리의 태도는 또한 우리가 살아가면서 어떤 종류의 꿈을 좇는지를 명확하게 판단하는 기준점이기도 하다. 우리의 주된 목표는 성공 사다리를 되도록 높이 오르는 것인가? 이에 대한 대답은, 우리 주변의 사람들이 우리가 개인적인 영광을 추구하는 데 있어서 얼마나 유용한 수단과 디딤돌이 되는지를 보면 알 수 있다. 이런 점은 부유하고 영향력 있는 사람들과의 관계에서는 잘 드러나지 않지만(우리의 사회적 지위 향상을 위해서는 그들의 호의가 도움이 되기에), 우리에게 별다른 도움이 안 되는 사람들과의 관계에서는 분명하게 드러난다.

어떻게 정당화하든, 무슨 말을 하고 어떤 성경 구절을 인용하든, 우리의 내적 상태를 판단하는 진정한 기준점은 우리가 은혜를 갚을 힘이 없는 사람들에게 어떻게 하느냐는 것이다. 예수님의 동생 야고보가 말했듯 "하나님 아버지 앞에서 정결하고 더러움이 없는 경건은 곧 고아와 과부를 그 환난중에 돌보고 또 자기를 지켜 세속에 물들지 아니하는 그것"이다(약 1:27).

이 땅에서 일하는 일반적인 방식은, 특권층의 심기를 잘못 건드려 그들의 호의를 잃지 않도록 세심하게 마음을 쓰는 것이다. 그러나 우리보다 아래에 있다고 생각되는 사람들에게는 그와 같은 세심한 배려가 없다. 이 경우 그들을 무시하고, 그들에게 함부로 말하고, 우리의 목적을 위해 그들을 이용하기도 한다.

그들의 호의는 우리가 성공 사다리를 오르는 데 도움이 되지 않으며, 그들을 함부로 대하는 것은 주변 사람들에게 우리가 그들보다 높은 위치에 있음을 보여 주는 신호가 되기 때문이다. 그렇다, 그것은 신호다. 그러나 그 신호를 주변 사람들만 보는 게 아니라 하나님도 보고 계신다.

우리가 하나님의 예술작품을 함부로 대하는 것을 (세상 그 누구도 모를지라도) 하나님은 아신다. 그리고 하나님은 이를 자신에게 함부로 한 것으로 받아들이신다.

"내가 주릴 때에 너희가 먹을 것을 주지 아니하였고 목마를 때에 마시게 하지 아니하였고 나그네 되었을 때에 영접하지 아니하였고 헐벗었을 때에 옷 입히지 아니하였고 병들었을 때와 옥에 갇혔을 때에 돌보지 아니하였느니라"(마 25:42-43).

나는 지극히 작은 자다

예수님이 말씀하신 것과 같은 상황에 처한 사람들을 볼 때 나는 그들에게서 하나님의 형상을 볼 수 있어야 하고, 그들을 섬길 때 하나님을 섬기는 중임을 알아야 한다. 그리고 그들에게서 내 모습 또한 볼 수 있어야 한다. 내가 바로 세상이 주는 것에 만족하지 못하는 주리고 목마른 사람이었다. 내가 바로 창조주를 거부하고 그에게서 멀어진 이방인이었다. 그 무엇으로도 내 죄를 가릴 수 없는 벌거벗은 영혼이었다. 내 파괴적인 욕망의 감옥에서 벗어나지 못하는 비참한 죄인이었다.

예수님은 그런 나를 발견하시고 내가 그보다 못하다고 무시하거나 꾸짖으시는 대신 생명의 잔치에 초대하셨다. 그분은 "생수의 강"(요 7:38)으로 나를 만족하게 하시고 그분의 자녀로 삼아 주셨으며, 그분의 의로 내 죄를 덮어 가리셨다. 내 병든 영혼을 치유하시고 내가 본래 내게 의도되었던 삶을 살 수 있도록 나를 자유롭게 하셨다. 그렇다면 내게 본래 의도되었던 삶이란 무엇인가? 그것은 나의 구주를 알고 본받는 삶이고, 그분을 사랑하고 또한 그분이 사랑하시는 사람들을 사랑하는 삶이다. 하나님이 주신 무한한 풍요로 그들을 위해 헌신하는 삶이다.

용서와 생명에 대한 나의 가장 깊은 필요는 나의 구주 안에서 충족되었으며, 이는 그분에게 나아오는 사람들 누구나 마찬가지이다. 모든 사람은 세상이 주는 다른 무엇보다도 이 생명을 필요로 한다. 그리고 그들이 주께 나아오기만 한다면, 하나님의 영원한 잔치에 참여할 수 있다. 그러나 누군가가 말해 주지 않는 한 그들이 이것을 어떻게 알겠는가(롬 10:14)? 우리가 어떻게 그들에게 하나님의 영원한 생명 잔치로의 초대를 미룰 수 있겠는가? 이보다 더 위대한 선물도 없고 이보다 더 필요한 선물도 없다.

그러나 사람들에게는 즉시 해결해야 할 실제적인 필요도 자주 발생한다. 때로는 음식이 필요하고, 때로는 겨울 외투가 필요하며, 때로는 교도소에 있는 그들을 찾아와 삶의 소중함을 상기시켜 줄 누군가가 필요하다. 이런 것들을 제공함으로써, 우리는 그들에게 하나님 안에서 발견할 수 있는 생명과 사랑을 살짝 맛보여 줄 수 있다. 참된 사랑은 영적인 것 혹은 물리적인 것, 영원하거나 혹은 일시적인 것처럼 어느 한 가지의 선만을 추구하지 않는다. 참된 사랑은 항상 모든 사람을 위해 모든 선을 추구한다.

당신이 지상에서 살아가는 한 당신 주변에는 늘 필요가 있을 것이다. 모든 곳의 모든 사람에게 복음이 필요하지만, 예수님이 말씀하신 것 같은 물질적인 필요 또한 어디에나 존재한다. 그것은 당신이 차를 몰고 무심하게 지나쳐 가는 마을에도 있을 수 있고, 말끔하게 손질된 앞마당과는 달리 현실은 혼란스럽기만 한 이웃의 닫힌 문 뒤에도 있을 수 있다. 한 가지는 확실하다. 필요는 가까이에 있다. 당신이 그것을 보지 못한다면, 이는 필요가 존재하지 않아서가 아니라 당신의 시선이 엉뚱한 방향을 향하고 있기 때문이다. 당신에게 필요한 전부는 진정으로 보는 것이다.

주변의 필요에 눈뜨기

우리 교회가 진정으로 보기 시작했을 때 우리는 부족함이 없는 안락한 집에서 불과 몇 분 거리에 있는 난민 수용소를 발견했다. 그곳에는 영양실조에 걸린 사람들도 있었는데, 하나님은 우리가 그들에게 정기적으로 신선한 과일을 공급할 수 있도록 자원을 마련해 주셨다. 우리는 또한 그들에게 비타민과 유아용품을 제공하고, 함께 성경 공부를 하며, 이민자들에게 필요한 서류 작업을 돕고, 원하는 사람들에게 수십 권의 성경을 나눠 줄 수 있었다.

나는 우리 교회 이외에도 주변의 어려운 이웃을 찾아서 그들과 음식을 나누고, 함께 휴일을 보내며, 고향을 떠나와서 의지할 데 없는 다양한 국적의 대학생들과 성경 공부를 하는 교회들이 있음을 안다. 알코올 중독자에게 후원 그룹을 연결해 주고, 미혼모에게 필요한 물품을 지원하고, 노숙인에게 음식과 외투를 제공하고, 학대 피해자에게 안전한 쉼터를 제공하는 교회들도 있다. 필요가 부족할 때는 결코 없다. 어려운 이웃을 기꺼이 돕고자 하는 사람들이 부족할 뿐이다.

이것은 너무나도 일반적인 현상이어서 우리는 종종 여기에 둔감해지지만, 그렇다고 이를 옳다고 할 수는 없다. 세상에는 많은 사람이 각자가 도달한 단계의 성공이 주는 혜택을 누리면서, 주변의 어려운 이웃은 생각지 않은 채 명예와 권력과 특권이 기다리는 다음 단계로 올라가려고 위를 쳐다본다. 누구도 우리에게 형편이 더 어려운 사람들과 교류하기를 기대하지 않으며, 우리는 어떻게든 더 크게 성공한 누군가의 관심을 끌어 그들의 위치와 가까워지려 노력한다.

이것이 바로 세상 돌아가는 이치이다. 이것이 부유층들이 그들끼리만 바비큐 파티를 하는 이유이고, 마을의 터줏대감들이 새로 이사 온 사람들을 상대하지 않는 이유이며, 펜트하우스에 사는 사람들이 청소부와 포켓볼을 하지 않는 이유이다. 이것이 어떤 교회들이 신학에는 주의를 기울이면서도 마약 중독이나 포르노그래피 같은 문제들에는 주의를 기울이지 않는 이유이다.

그들은 이런 문제들은 그들보다 아래에 있고, 이런 문제를 지닌 사람들 또한 그들보다 아래에 있다고 생각한다. 이 모든 것이 너무나도 익숙하고 너무나도 직관적이다. 그리고 너무나도 잘못되었다.

이 시스템 전체를 뒤엎으면 어떻게 될까? 우리보다 아래에 있다고 여기는 사람들이, 실은 하나님이 소중히 여기시는 바로 그 사람들임을 알게 되면(진정으로 보게 되면) 어떻게 될까? 우리가 어떤 위치에 있든 그 위치를, 더 많이 소유하기 위해서가 아니라 기쁜 마음으로 다른 사람들에게 (특히 은혜를 갚을 힘이 없는 사람들) 베푸는 데 이용하면 어떻게 될까?

예수님은 그들에게 한 것이 곧 하나님께 한 것이라고 말씀하셨다. 하나님은 세상이 무시하는 사람들을 그토록 소중히 여기신다. 이것은 우리로서는 상상하기도 힘들고 기억하기도 힘들지만, 명백한 사실이고 또한 모든 것을 바꿔 놓는다. 예컨대 이것은 야고보서에 나오는 것처럼 교회 안의 좌석 배치를 바꿀 수 있다.

"내 형제들아 영광의 주 곧 우리 주 예수 그리스도에 대한 믿음을 너희가 가졌으니 사람을 차별하여 대하지 말라 만일 너희 회당에 금 가락지를 끼고 아름다운 옷을 입은 사람이 들어오고 또 남루한 옷을 입은 가난한 사람이 들어올 때에 너희가 아름다운 옷을 입은 자를 눈여겨 보고 말하되 여기 좋은 자리에 앉으소서 하고 또 가난한 자에게 말하되 너는 거기 서 있든지 내 발등상 아래에 앉으라 하면 너희끼리 서로 차별하며 악한 생각으로 판단하는 자가 되는 것이 아니냐"(약 2:1-4).

예수님의 이름으로 모이는 교회가 주님께 자리를 내어드리기를 거부하는 일이 있을 수 있을까? 있을 수 있다. 왜냐하면 주님은 "지극히 작은 자 하나에게 하지 아니한 것이 곧 내게 하지 아니한 것"(마 25:45)이라고 말씀하셨기 때문이다. 불행히도 하나님의 백성이 늘 하나님의 기준으로 다른 사람들의 가치를 판단하는 것은 아니다.

늘 하나님의 기준으로 판단한다면 교회가 얼마나 많이 달라질까? 은둔형 외톨이와 어린아이와 문지기와 목사와 미혼모와 이혼한 사람과 성공한 기업인과 재능 있는 가수와 장애아를 똑같이 귀하게 여긴다면 어떻게 될까? 그들 한 사람 한 사람을 예수님이 하신 것처럼 소중히 대한다면 어떻게 될까? 우리의 우선순위와 사역이 달라질까? 예산이 달라질까?

이런 태도는 제도에서 비롯되지 않는다. 당신과 나처럼 이방인을 향한 하나님의 사랑을 맛본 사람들의 가슴속에서 비롯된다. 하나님은 우리 같은 죄인에게 천국 문을 여셨고, 우리는 같은 방식으로 다른 사람들을 환영함으로써 하나님을 따른다. 내 증조부는 기독교청년회 문간에서 그렇게 했다.

당신도 형편이 어려운 사람들을 초대해 음식을 대접함으로써 그렇게 할 수 있다. 당신은 교도소나 양로원에 있으면서 세상으로부터 잊혔다고 생각하는 누군가, 혹은 대화 상대 없이 소외된 누군가에게 희망을 불어넣어 줄 수 있다. 병원에 입원해 있거나 사랑하는 가족을 잃었거나 타지에서 고향을 그리워하는 누군가를 격려할 수 있다. 세상의 이방인들이 하나님의 영원한 생명 잔치에 초대받을 수 있도록 돈을 기부하거나 삶을 헌신할 수 있다.

당신은 주님이 그러신 것처럼 사회의 보이지 않는 선을 넘을 수 있고, 주님이 주신 모든 것으로 다른 사람들을 위해 기부할 수 있다. 당신은 비록 다른 사람들이 무시하지만 그들을 지으신 하나님은 결코 무시하지 않으시는 "지극히 작은 자"의 가치를 진정으로 볼 수 있다.

인자가 영광 가운데 오셔서 생명의 잔치를 여실 때, 그분은 과연 당신에게 저녁 식사를 대접해 주어 고마웠다고 말씀하실까?

07

DREAM SMALL

하나님이
바라시는 꿈

당신의 꿈은 어디에 기초하고 있는가?
재물이 많은 젊은 관리도 작은 꿈을 꿀 수 있다
꿈의 방향

그 주인이 이르되 잘하였도다 착하고 충성된 종아
네가 적은 일에 충성하였으매 내가 많은 것을 네게 맡기리니
네 주인의 즐거움에 참여할지어다 하고 (마 25:21).

1970년대, 시카고 도심. 엘리베이터의 문이 열리고 나의 할아버지 로버트 피치가 당시 세계 최고층 빌딩이었던 시어스 타워에 있는 그의 사무실로 향했다. 이 호레이스 피치의 아들은 세계 최대 유통업체인 시어스(Sears, Roebuck & Company)의 품질관리부 부장이 되었다. 사실 그는 품질관리부를 창설했으며, 그렇게 함으로써 품질을 표준화하려는 세계적인 흐름의 선구자 중 한 명이 됐다. 그는 기업들이 새로운 표준을 도입하는 데 도움이 되는 책을 썼고, 세계은행과 함께 개발도상국의 품질관리 훈련을 도왔다.

그러나 로버트 피치는 자신이 새로운 무언가를 창안했다고 생각하지 않았다. 그는 품질관리의 기본 원칙에 하나님의 성품이 반영된 것으로 보고, 자신이 일하는 분야에 적용했을 뿐이다. 하나님의 자비로우신 성품을 그의 개인 재정에 적용한 것과 마찬가지로 말이다. 로버트는 아낌없이 베푸시는 하나님의 은혜를 경험했으며, 그 역시 아낌없이 베풀었다. 얼마나 많은 금액을 기부했던지, 한번은 그의 회계사가 이렇게 말할 정도였다. "세금 신고서에 기부금 액수가 이렇게나 많다니, 아무도 믿지 않을 거예요." 정말 그랬다. 국세청은 그 액수를 믿지 않고 회계감사를 실시했다. 하지만 로버트가 그만한 액수를 기부한 것은 사실이었다.

로버트와 그의 아내 셜리는 근사한 집에 사는 동료들과 달리 평범한 동네의 평범한 집에 살았다. 집을 살 때 그들이 중요하게 생각한 것은 다른 사람들에게 깊은 인상을 심어 주는 게 아니었다. 그들의 최우선 순위는 어려운 이웃을 돕는 신실한 교회, 즉 신실한 신자들과 함께 하나님을 섬기며 성장할 수 있는 교회를 찾는 것이었다. 그리고 그런 역할을 할 수 있는 시카고 서부의 한 작은 교회를 발견하고, 그 근처에 있는 집을 샀다.

사람들은 그 집에서 깊은 인상을 받지는 못했지만, 대신에 음식을 대접받거나 필요한 경우 잠자리를 제공받는 등 섬김을 받았다. 손님이 잘 나가는 정치인이든 교회와 관련된 사람이든 그 지역에 새로 이사 온 공장 노동자든, 그런 것은 중요하지 않았다. 로버트와 셜리 부부는 그들 모두를 똑같이 환영했고, 똑같이 음식을 대접했으며, 똑같이 열린 마음으로 그들의 말을 경청했다.

겉보기에 할아버지의 삶은 기독교청년회 문간에서 시간을 보낸 증조할아버지의 삶과 매우 달라 보였다. 세상적인 기준으로 볼 때 할아버지의 삶은 여러 면에서 더 성공적이고, 권력이 있으며, 영향력이 있고, 부유하며, 기억할 만했다. 그러나 두 사람의 삶을 자세히 들여다보면 겉보기와 다른 이야기를 접할 수 있다. 그것은 서로 상황은 달라도 목표와 방향이 같은 이야기이다.

호레이스는 기독교청년회에서의 낮은 지위를 이용해 실의에 빠진 거리의 젊은이들을 섬겼다. 로버트는 시어스 안에서의 높은 지위를 이용해 품질 표준화를 위해 노력함으로써 전 세계 사람들을 섬기는 한편 국내외 선교에 자금을 대고, 주변 사람들을 돕는 데 시간을 투자했다.

이처럼 아버지와 아들은 서로 다른 방식으로 같은 우선순위 위에 삶을 구축해 나갔다. 그들은 세상이 제공할 수 있는 다른 무엇보다도 하나님의 사랑(그들로 하여금 먼저 하나님 나라를 위해 헌신하게 한)을 우선시했다. 한 사람은 세상 사람들의 눈에 낮아 보이지만, 하나님 나라에서는 귀히 여겨지는 사람들을 섬기려고 일부러 낮은 곳에 머물렀다. 다른 한 사람은 세상적인 기준으로 볼 때 높은 위치에 도달했지만, 하나님에 대한 사랑과 하나님이 사랑하시는 사람들에 대한 사랑에 삶의 초점을 맞추었다.

할아버지의 삶을 돌아보면 그가 사람들을 섬기면서 많은 어려움을 겪었음을 짐작할 수 있다. 돈과 권력과 명성이 지배하는 세상에서 하나님의 우선순위들에 초점을 맞추고 살기란 결코 쉬운 일이 아니다. 예수님도 부자가 천국에 들어가기는 어렵다고 말씀하셨다(마 19:23). 내 할아버지가 그랬던 것처럼 큰 꿈을 가지고 성공할 경우, 그 성공에는 늘 유혹이 따른다. 그리하여 우리는 하나님을 의지하지 않게 되거나, 하나님의 더 큰 이야기 안에서의 우리 위치를 잊어버리거나, 우리 자신의 위대하고 기억할 만한 업적을 남기는 데 초점을 맞추게 되기 쉽다. 또한 우리보다 형편이 어려운 사람들의 가치를 잊거나, 성품이나 성실성 그리고 자기희생 같은 것들의 가치를 잊기 쉽다.

당신의 꿈은 어디에 기초하고 있는가?

로버트 피치는 그가 누구이며, 하나님이 왜 그를 지으셨는지 잊지 않았다. 그는 회사 안에서의 성공에 목표를 두거나 회사의 우선순위에 기초해 결정을 내리지 않았다. 그는 시어스 제국의 극적인 몰락을 지켜볼 만큼 오래 살았다. 한때 그의 사무실이 있었던 상징적인 타워가 팔려서 이름이 바뀌는 것을 보았고, 두바

이에 시어스 타워보다 더 높은 건물인 부르즈 할리파가 들어서는 것을 보았다. 그러나 그의 꿈은 사라지지 않았는데, 이는 그의 꿈이 시어스 타워나 그 안에서의 자신의 위치에 매이지 않았기 때문이다.

그의 꿈은 매일 아침, 분주한 일상이 시작되기 전 조용한 골방에서 하나님과의 교제와 대화 속에 시작되었다. 그는 하나님이 우주의 왕이심을 알고 그분을 자신의 꿈의 왕으로 받아들였다. 할아버지의 꿈이 탄생한 곳은 거기, 아무도 알아주지 않고 박수쳐 주지 않는 기도와 묵상의 습관 속에서였다. 그가 이 세상에서는 커 보이지만 영원 속에서는 작은 꿈들의 보잘것없는 약속을 꿰뚫어 본 것도 거기서였다.

하나님과의 친밀한 관계나 예수님을 닮은 성품, 사람들(그가 성공 사다리를 오르는 데 도움을 줄 수 없는 사람들을 포함한)에 대한 사랑처럼 세상이 작게 여기는 것들의 크고 영원한 가치를 떠올린 것 역시 거기서였다.

할아버지의 삶은 내게 큰 성공이 가장 중요한 작은 꿈들에 기초할 수 있음을 보여 주었다. 할아버지의 예는 내 꿈을 살펴보고 그 꿈이 어디서 와서 어디로 가는지 아는 데 도움이 되었다. 이것은 중요한 연습이다. 왜냐하면 꿈, 특히 큰 꿈들은 사람을 현혹할 수 있기 때문이다. 마음은 원하는 것들을 합리화하는 데 능하다. 아무리 좋은 의도도 시간이 지나면 변할 수 있고, 내 꿈의 초점도 나도 모르는 사이에 하나님과 그분의 모든 것으로부터 니 자신과 지금 당장 내가 원하는 모든 것으로 이동할 수 있다.

이런 문제로 어려움을 겪는 사람은 나뿐만이 아닐 것이다. 당신은 큰 성공이나 높은 지위, 더 많은 돈, 더 많은 팔로워 수를 꿈꾸며 이를 위해 노력하는 중인가? 만약 그렇다면, 가장 중요한 질문은 당신이 얼마나 위대해지느냐 혹은 얼마나 성공하느냐가 아니다. 당신의 꿈과 관련한 가장 중요한 질문은 그 꿈들이 어디서 와서 어디로 가느냐 하는 것이다.

당신의 큰 꿈은 하나님께 기초해 있는가, 아니면 가치와 의미와 행복을 얻으려는 당신의 욕구에 기초해 있는가? 당신의 꿈은 하나님 나라를 위한 것인가, 아니면 더 많은 사랑과 만족을 얻고 더 중요한 사람이 되려는 당신의 목표를 위한 것인가? 큰 꿈들은 당신이 원하는 영원한 행복과 의미와 가치를 가져다주지 못한다.

당신은 이미 하나님의 창조물로서 가치 있고, 사랑받고 있으며, 존중받고 있다. 또한 하나님의 이야기에 등장하는 인물로서 의미가 있다. 따라서 그리스도를 통해 하나님께 나아온다면, 구주를 알고 사랑하며 그분에게 사랑받는 기쁨을 누릴 수 있다.

만약 큰 꿈을 이룸으로써 하나님이 이미 그분의 자녀에게 주신 것보다 더 많은 것을 얻을 수 있으리라 여긴다면, 다시 생각하라. 당신의 꿈이 얼마나 크든 당신은 하나님을 능가할 수 없다. 그러므로 하나님께 기초한 꿈을 꾸라.

그 어떤 꿈도 하나님과의 친밀한 관계와 비교할 수 없다. 당신이 하나님 이외의 다른 모든 것을 잃는다 해도, 당신에게는 여전히 세상이 줄 수 있는 것보다 더 많은 게 있다. 재물이 많은 젊은 관리가 예수님을 찾아와 영생을 얻으려면 무엇을 해야 하는지 물었을 때, 예수님은 모든 소유를 버리고 그분을 따르라고 말씀하셨다. 그 젊은 관리는 돈을 그의 하나님으로 삼았다. 그는 부와 권력과 영향력으로 그의 욕구를 만족시키려 했지만, 예수님은 그가 그러한 것들을 소유하면서 동시에 예수님을 따를 수 없음을 아셨다. 어쩌면 우리 중에도 그와 같은 사람이 있으리라.

예수님은 하나님과 돈을 동시에 섬길 수 없다고 말씀하셨으며, 이는 돈 이외의 다른 모든 것에도 해당된다. 당신은 하나님과 인플루언서의 지위를 동시에 섬길 수 없고, 하나님과 성공적인 커리어를 동시에 섬길 수 없으며, 하나님과 좋은 평판을 동시에 섬길 수 없다. 당신의 마음속 보좌에는 오직 한 왕만이 오를 수 있다. 만약 큰 성공이(혹은 큰 성공을 향한 꿈이) 하나님을 잊게 만든다면, 이는 추구할 만한 가치가 없다. 그러니 멈추라. 만약 당신의 마음속에서 이런 일이 일어난다면, 하나님을 아는 더 큰 보물을 위해 당신의 큰 꿈을 포기하라.

"사람이 만일 온 천하를 얻고도 제 목숨을 잃으면 무엇이 유익하리요 사람이 무엇을 주고 제 목숨과 바꾸겠느냐"(마 16:26).

재물이 많은 젊은 관리도
작은 꿈을 꿀 수 있다

재물이 많은 젊은 관리에게는 큰 성공보다 예수님이 필요했다. 사실 모든 사람이 다 그러하다. 그러나 모든 부자 청년이 그 젊은 관리처럼 성공을 포기하도록 부름받지는 않는다. 하나님은 성공 가도를 달리는 그분의 백성에게 그 상태 그대로 하나님을 따르고 그분의 나라를 위해 살라고 부르시기도 한다.

그런 사람 중 하나가 윌리엄 윌버포스이다. 그는 부유한 젊은 이로, 영국 정부의 관리였다. 그는 다른 무엇보다도 예수님을 따르고자 하였으며, 그리하여 친구인 존 뉴턴(찬송가 "어메이징 그레이스"의 작사가)에게 관직에서 물러나 하나님을 섬기며 사는 것에 대해 조언을 구했다. 그러나 뉴턴은 오히려 높은 지위에 올라 하나님을 섬기라고 조언했다. 그 결과 윌버포스는 영국 정부가 노예제를 폐지하는 데 큰 헌신을 했다.

핵심은 큰 꿈이나 권력, 부와 명성이 나쁘다는 게 아니라, 이런 것들이 최종 목표가 아니라는 점이다. 만약 윌버포스가 권력을 숭배했더라면, 더 많은 권력을 얻고 오랫동안 이를 유지하려 했을 것이다. 그러나 그렇게 하지 않고 정의의 편에 섰으며, 수많은 적에게 둘러싸였다. 윌버포스는 그의 권력을 이용해 "지극히 작은 자"를 섬김으로써 성공 사다리를 거꾸로 놓았으며, 가장 낮은 곳에 있는 사람들을 위해 헌신했다.

윌버포스는 권력을 포기하지 않았지만, 권력에 지배당하지도 않았다. 그는 하나님께 충실하고 하나님의 사람들, 특히 많은 사람이 작고 하찮게 여기는 사람들을 사랑하는 데 꿈의 초점을 맞추었다. 아이러니하게도 오늘날 윌버포스의 고향에는 그의 거대한 동상이 세워져 있지만, 자기 자신을 섬기던 동료 정치인들의 이름은 오직 역사가들만이 알고 있다. 그렇지만 동상도 하나님을 직접 뵙고 다음과 같은 말씀을 듣는 것과는 비교가 안 된다.

"그 주인이 이르되 잘하였도다 착하고 충성된 종아 네가 적은 일에 충성하였으매 내가 많은 것을 네게 맡기리니 네 주인의 즐거움에 참여할지어다 하고"(마 25:21).

윌버포스는 동상이 건립되는 영광을 누렸지만, 그렇게 된 이유는 동상이 세워지는 게 그의 목표가 아니었기 때문이다. 그의 목표는 하나님께 충실하고 다른 사람들을 이롭게 하는 것이었으며, 이것이 곧 성공이다. 어쨌거나 동상은 영구적이지 않으며, 여론은 바뀌고, 사람들의 기억은 희미해진다. 그러나 하나님께 인정받는 것은 영원하다. 중요한 것은 우리의 꿈이 얼마나 크고, 그 꿈을 얼마나 이루었는지가 아니다. 중요한 것은 늘 하나님을 사랑하고 사람들을 사랑하는 것이다.

꿈의 방향

세상적인 기준에서의 큰 꿈을 이룰 때는 그 꿈이 세상적인 기준에서의 작은 꿈에 기초해 있어야 한다는 점을 명심하라. 당신의 꿈이 창조주와의 조용하면서도 친밀한 교제 안에서 태어나게 하

라. 예수님은 "누구든지 목마르거든 내게로 와서 마시라 나를 믿는 자는 성경에 이름과 같이 그 배에서 생수의 강이 흘러나오리라"(요 7:37-38)고 말씀하셨다.

날마다 예수님께 나아가 당신의 갈급한 영혼을 오직 예수님만이 주실 수 있는 생명으로 채우라. 감사와 찬양과 간구할 것들을 가지고 예수님께 나아가 그분의 말씀과 약속을 마시라. 예수님께 참되고, 소중하고, 삶을 투자할 만한 가치가 있는 것들을 배우라. 예수님의 사랑과 자비로 충만해져서, 그것들이 당신의 충족된 영혼으로부터 주변의 갈급한 세상으로 넘쳐흐르게 하라.

하나님의 사랑과 자비는 당신 안에만 담아 두기에는 너무나 많아서 주변으로 넘쳐흐를 것이다. 하나님이 당신의 영혼을 채우실 때 당신의 꿈은 자연스럽게 하나님의 우선순위들을 향해 흐르기 시작한다. 당신의 꿈의 크기와 그 꿈에 쏠리는 주위의 관심은 꿈의 원천과 방향만큼 중요하지 않다. 그러므로 지금 바로 당신의 삶을 돌아보라. 당신의 꿈은 하나님과의 관계로부터 흘러나오는가? 그것은 하나님의 우선순위들을 향해 흐르고 있는가?

당신은 하나님과 함께한 시간과 크든 작든 하나님이 당신에게 주신 자원 및 영향력을 어떻게 사용하고 있는지 돌아봄으로써, 이 질문에 답할 수 있다. 당신은 하나님이 주신 자원을 하나님과 다른 사람들을 위해 사용하고 있는가, 아니면 개인의 사적인 이익을 위해 사용하고 있는가? 당신은 무엇에 돈을 쓰고 있으며, 어디에 시간을 투자하고 있는가?

어떤 사람들은 원하는 물건을 더 많이 소유하거나, 더 많은 이윤을 남기거나, 더 튼튼한 안전망을 갖추면 하나님을 더 잘 섬길 수 있으리라 생각한다. 그러나 사실 지금 가지고 있는 작은 것에 충실하지 못한 사람은 장차 얻게 될 큰 것에도 충실하지 못할 것이다(눅 16:10).

충실함은 주로 가족이나 교회 사람들, 동네 사람들처럼 당신과 가까운 사람들과의 관계를 통해 드러난다. 바울은 가족에 대한 책임을 저버리는 사람은 "믿음을 배반한 자"(딤전 5:8)라고 말했다. 가까운 사람들은 당신의 삶을 있는 그대로 보는 사람들이지, 당신의 현명한 조언을 듣거나 성공의 배경이 되기 위해 존재하는 사람들이 아니다.

만약 당신이 많은 사람을 섬기려 한다면, 그 섬김에는 늘 깊이의 제한이 따를 것이다. 그러나 가까운 사람들에 대한 섬김에는 그런 제한이 따르지 않는다. 가까운 사람들과의 관계는 하나님 나라가 가장 잘 자라는 토대이다. 한 알의 작은 씨앗이 햇빛과 비처럼 날마다 주어지는 소소한 것들로 인해 커다란 나무가 되듯이

(마 13장) 하나님의 백성도 일상적으로 경험하는 용서와 격려, 순종 같은 것들 속에서 성장한다. 이를 잊는다면 당신이 이룬 그 어떤 큰 꿈도 헛될 것이다.

하나님은 그분의 이야기가 영광스러운 결말을 향해 나아가고 있는 가운데, 이미 당신은 상상도 할 수 없을 만큼 다양한 방식으로 당신 주변에서 일하고 계심을 기억하라. 당신은 그 이야기에서 하나의 역할을 맡고 있다. 하지만 그것이 곧 당신이 새로운 무언가를 주도하거나, 당신의 이름이 널리 알려져야 함을 의미할까? 어쩌면 그럴지도 모른다. 그것이 하나님이 당신에게 맡기신 역할일 수도 있다. 만약 그렇다면, 그것을 거부하지 말라.

그러나 이미 진행되고 있는 일이나 다른 사람들이 이미 시작한 일, 누구도 크게 관심을 두지 않는 일에 참여함으로써 사람들을 더 잘 섬길 수도 있다. 그런 경우 박수를 많이 받지는 못하겠지만, 어쨌거나 당신이 건설하고 있는 나라가 누구의 나라인가? 당신이 얼마나 높이 올라가든, 얼마나 큰 영향력을 발휘하고 얼마나 큰 힘을 갖게 되든 당신의 목표는 늘 예수님의 겸손과 섬김을 본받는 것이어야 한다. 사도 바울이 한 일이 바로 그것이었다. 가장 영향력 있는 성경 속 인물 중 한 사람인 바울은 "나는 … 그리스도가 알려지지 않은 곳에서만 기쁜 소식을 전하려고 애썼습니다"(롬 15:20, 현대인의 성경)라고 말했다.

바울의 목표는 그가 아니라 그리스도가 알려지는 것이었다. 바울은 사람들이 자신을 더 많이 알아야 한다고 생각하지 않았다. 그는 그들이 예수님을 알기 원했다. 하나님에 대한 바울의 사랑은 그에게 하나님의 백성에 대한 사랑을 가르쳐 주었으며, 그 사랑이 그로 하여금 예수님처럼 하나님의 영광과 다른 사람들의 유익을 위해 그가 가진 모든 것을 바치게 했다. 바울은 세상의 기준에 맞춰 살기를 거부했다(고후 10:12). 그는 세상이 간과하는 중요한 것들에 그가 가진 전부를 쏟아붓고 뒤돌아보지 않았다.

"그러나 무엇이든지 내게 유익하던 것을 내가 그리스도를 위하여 다 해로 여길뿐더러 또한 모든 것을 해로 여김은 내 주 그리스도 예수를 아는 지식이 가장 고상하기 때문이라 내가 그를 위하여 모든 것을 잃어버리고 배설물로 여김은 그리스도를 얻고 그 안에서 발견되려 함이니 내가 가진 의는 율법에서 난 것이 아니요 오직 그리스도를 믿음으로 말미암은 것이니 곧 믿음으로 하나님께로부터 난 의라 내가 그리스도와 그 부활의 권능과 그 고난에 참여함을 알고자 하여 그의 죽으심을 본받아 어떻게 해서든지 죽은 자 가운

데서 부활에 이르려 하노니"(빌 3:7-11).

바울의 꿈은 곧장 예수님께로 향했다. 사람들이 아니라 하나님께 인정받기를 바라고, 일인자가 되려 하는 대신 다른 사람들을 위해 자신을 "제사 술처럼 따라 붓는"(빌 2:17, 현대인의 성경) 바울이 주변 사람들의 눈에는 어리석게 보였다. 바울이 얼마나 큰 꿈을 꾸게 되었든, 그 꿈은 세상이 하찮게 여기는 것들로 향했고, 그것들에 기초해 있었다.

내 증조할아버지가 그의 낮은 지위를 이용해 바울처럼 한 것과 마찬가지로 내 할아버지는 그의 높은 지위를 이용해 바울처럼 했다. 당신의 꿈은 예수님을 향하고 있는가? 당신의 우선순위는 예수님의 우선순위와 같은가? 꿈의 크기는 결코 그 꿈이 어디에 기초해 있고 무엇을 향하고 있는지만큼 중요하지 않다.

08

DREAM SMALL

작은 꿈에 헌신하기

더하기와 빼기
스케줄
재능
'해야 할 일'의 목록
수고

누구든지 제 목숨을 구원하고자 하면 잃을 것이요
누구든지 나를 위하여 제 목숨을 잃으면 찾으리라
사람이 만일 온 천하를 얻고도 제 목숨을 잃으면 무엇이 유익하리요
사람이 무엇을 주고 제 목숨과 바꾸겠느냐 (마 16:25-26).

1983년, 시드니에서 멜버른까지 달리는 울트라마라톤 대회 참가자들이 출발선에 모였을 때 그중 한 사람은 확실히 다른 사람들과 달랐다. 다른 참가자들은 값비싼 장비에 875킬로미터를 주파하기 위한 구체적인 계획이 있었지만, 61세의 농부 클리프 영은 작업복에 작업화 차림이었다. 호기심 가득한 기자의 질문에 그는 이렇게 대답했다.

"나는 농장에서 자랐습니다. 자라는 내내 우리 농장에는 말이나 자동차가 없었지요. 4년 전에야 겨우 여유가 생겨서 자동차를 구입할 수 있었으니까요. 폭풍이 몰려올 때마다 나는 나가서 양 떼를 몰고 돌아와야 했답니다. 우리는 2,000에이커(약 8제곱킬로미터)의 농장에 2,000마리의 양을 키웠는데, 때로는 2–3일에 걸쳐 양 떼를 몰아야 했어요. 시간이 오래 걸렸지만, 나는 결국 양 떼를 몰고 돌아왔어요. 그렇기 때문에 나는 이 대회를 완주할 수 있다고 생각해요."

그다음 5일 동안 그는 달리기 비슷한 것을 했다. 목격자들 대부분은 그가 발을 질질 끄는 것 같았다고 말했다. 그는 그리 빠르지 않았다. 대회 첫날이 끝나 갈 무렵, 다른 참가자들은 그보다 훨씬 앞서 있었다. 그러나 열여덟 시간을 달리고 난 후 다른 사람들은 지쳐서 휴식을 취했고, 클리프는 계속 달렸다.

그는 발을 질질 끌면서도 계속 달렸고, 잠도 거의 자지 않았다. 결국 그는 두 번째로 들어온 주자보다 열 시간 앞서 결승선을 통과했다. 나중에 그는 양 떼를 몬다고 상상하며 폭풍이 몰려오기 전에 들어오려 노력했다고 말했다.

당신은 클리프가 울트라마라톤 대회를 위한 훈련을 하지 않았다고 생각할 수도 있겠지만, 그렇지 않다. 사실 그의 전 생애가 훈련이었다. 양 떼를 모는 것은 비록 많은 사람이 알아주고 박수를 보내는 일은 아니지만, 그래도 분명 힘든 일이다. 클리프 영은 다른 참가자들이 마라톤과는 상관이 없다고 생각했을 일들에 평생을 바쳤지만, 결승선에 도착했을 때 그들은 더 이상 그렇게 생각하지 않았다.

이와 비슷하게 세상은 당신이 작은 꿈들에 쏟은 노력을 알아차리지 못할 것이다. 당신은 주목받거나 박수받지 못할 것이다. 그러나 인생의 경주를 마칠 때, 당신은 하나님과 다른 사람들을 사랑하는 데 쏟아부은 노력에 대해 지금 당신이나 주변 사람들이 상상할 수 있는 그 이상의 보상을 받을 것이다. 예수님은 이렇게 말씀하셨다.

"누구든지 나를 따라오려거든 자기를 부인하고 자기 십자가를 지고 나를 따를 것이니라 누구든지 제 목숨을 구원하고자 하면 잃을 것이요 누구든지 나를 위하여 제 목숨을 잃으면 찾으리라 사람이 만일 온 천하를 얻고도 제 목숨을 잃으면 무엇이 유익하리요 사람이 무엇을 주고 제 목숨과 바꾸겠느냐 인자가 아버지의 영광으로 그 천사들과 함께 오리니 그 때에 각 사람이 행한 대로 갚으리라"(마 16:24-27).

인생의 역설은 다음과 같다. 자기 목숨을 위해 열심히 달리는 사람은 아무리 많은 것을 얻을지라도 결국 모든 것을 잃게 되는 반면, 하나님과 하나님이 바라시는 것들을 위해 목숨을 내놓고 달리는 사람은 곧장 생명 그 자체이신 분의 품속으로 뛰어들게 된다는 것이다. 예수님은 "내가 곧 길이요 진리요 생명이니"(요 14:6)라고 말씀하셨다. 예수님께 더 가까이 다가갈수록 우리는 "내가 온 것은 양으로 생명을 얻게 하고 더 풍성히 얻게 하려는 것이라"(요 10:10)는 예수님의 약속을 더 많이 경험하게 된다. 이것이 바로 히브리서 저자가 "…모든 무거운 것과 얽매이기 쉬운 죄를 벗어 버리고 인내로써 우리 앞에 당한 경주를 하며 믿음의 주요 또 온전하게 하시는 이인 예수를 바라보자"(히 12:1-2)라고 권하는 이유다. 예수님은 우리를 위해 이 경주를 계획하신 분이고, 우리가 경주하는 데 필요한 힘을 주시는 분이며, 결승선에서 큰 상을 주시는 분이다.

이것은 우리를 둘러싼 세상이 좇는 꿈과는 다르기에 우리가 달리는 방식도 세상이 달리는 방식과 달라 보인다. 하지만 그렇다고 해도 달리기가 힘든 일이라는 사실에는 변함이 없다.

클리프 영이 보통의 마라토너와는 다르다고 해도 폭풍이 몰려오기 전에 2,000에이커의 농장에서 2,000마리의 양을 모는 것은 결코 쉬운 일이 아니다. 클리프에게는 수십 년간의 힘든 일을 통해 다져진 인내심과 결단력이 있었다. 농장 일을 하며 지내 온 그의 삶을 마라톤 대회를 위한 훈련으로 생각하는 사람은 아무도 없었지만, 그의 삶 자체가 그 어떤 전문적인 훈련 프로그램보다 더 완벽하게 그를 준비시켜 주었다.

클리프 영은 자신이 하는 일 외에 따로 경주 훈련을 한 게 아니었다. 그냥 울트라마라톤 대회가 있을 때 대회에 참가해 입상

할 수 있을 만한 방식으로 매일, 매해를 살아온 것뿐이었다. 하나님과 하나님이 바라시는 것들을 좇아 달릴 때 우리는 "상을 받도록 이와 같이 달음질"(고전 9:24)해야 한다. 이미 분주한 일상에 달리기 연습을 추가하는 방식이 아니라, 우리의 삶 전체가 믿음과 순종 그리고 하나님과 다른 사람들에 대한 사랑으로 향하게 하는 방식으로 달려가야 한다.

더하기와
빼기

하지만 이는 쉽지 않은 일이다. 작은 꿈들에는 큰 노력이 필요하다. 우리에게 주어진 모든 것을 가지고 작은 꿈들을 좇을 때, 이는 긍정적인 측면과 부정적인 측면 모두에서 우리의 삶에 영향을 미친다. 부정적인 측면은, 작은 꿈들에 초점을 맞춤으로써 우리 삶의 다른 부분에 주의를 덜 기울이게 된다는 것이다. 우리는 한계를 가진 인간으로 동시에 모든 것을 추구할 수 없기 때문이다. 긍정적인 측면은, 작은 꿈들에 헌신함으로써 우리 삶의 나머지 부분들이 하나님이 바라시는 꿈들로 향하게 할 수 있다는 것이다.

부정적인 측면에서 볼 때, 작은 꿈들에 헌신하는 것은 다른 꿈들을 제쳐놓아야 함을 의미한다. 내 동생은 회사에서 승진할 기회가 있었지만, 아직 어린 자녀들과 더 많은 시간을 보내기 위해 이를 고사했다. 승진하면 출장을 자주 다녀야 했기 때문이다. 일반적으로 승진은 좋은 일이지만, 내 동생은 동시에 두 가지 꿈을 좇을 시간이나 공간이 부족함을 알고 있었다. 우리는 때때로 큰 꿈과 작은 꿈 사이에서 선택해야 한다.

큰 꿈이 당신에게 성실성을 포기하고 현실과 타협하도록 요구한다면, 그것은 너무 지나친 요구이다. 큰 꿈이 당신으로 하여금 다른 사람들에게 해가 되는 일을 하게 한다면, 그것은 너무 값비싼 대가이다.

부정직한 보고서를 올리게 만드는 대단한 기업에서 일하는 것보다는 당신의 성실성을 지키는 편이 낫다. 당신이 사회생활이라는 명목으로 불성실하고 부정직하고 이기적인 성향을 미화하고 부추기는 역할을 선택한다면, 당신은 다른 사람들을 온전히 사랑할 수 없을지도 모른다. 큰 꿈을 위해 작은 꿈을 희생하지 말라. 작은 꿈을 희생하는 방식으로 당신의 꿈이 더 커질 수는 있겠지만, 그렇게 해서 얻은 큰 꿈이 무슨 유익이 있겠는가?

이런 선택은 어렵다. 이런 선택은 일종의 죽음처럼 느껴지며,

거기에는 그럴 만한 이유가 있다. 그것은 실로 죽음이기 때문이다. 그 선택을 할 때 우리가 사랑하고 아끼던 우리의 일부가 정말로 죽어 간다. 하지만 "누구든지 나를 위하여 제 목숨을 잃으면 찾으리라"(마 16:25)는 말씀을 기억하라. 죽음의 반대편에는 생명이 있다. 삶의 목적과 의미와 더불어 참된 사랑과 참된 자유, 참된 기쁨과 참된 만족으로 가득한 참 생명이 있다. 그러므로 선택해야 할 때는 큰 꿈들이 당신의 인생 궤도를 바꾸지 못하게 하라.

긍정적인 측면에서 볼 때, 작은 꿈을 꾸는 것은 날마다 체육관에서 시간을 보내고 건강한 음식을 먹는 운동선수나 아침 일찍 일어나서 양 떼를 먹이고 폭풍이 몰려오기 전에 양 떼를 몰고 돌아오는 양치기처럼 우리 삶에 새로운 것들을 쌓아 가는 것을 의미한다. 어떻게 하면 우리 인생의 세세한 부분들이 작은 꿈들을 향하게 할 수 있을까? 몇 가지 영역에서 생각해 보자.

스케줄

하나님의 우선순위에 맞춰 스케줄을 정하는 삶이란 어떤 것일까? 예수님에게 삶은 정기적으로 조용한 곳에서 기도하고, 제자들과 많은 시간을 보내고, 당대의 사회 계층에서 "지극히 작은 자"(마 25:40)인 "세리와 죄인"(마 9:10-13)들과 함께하는 것이었다. 당신은 하나님과의 관계에 시간을 투자하고 있는가? 가족들과 교회 사람들 및 그 밖의 다른 사람들(특히 사회에서 홀대받는 사람들)과의 관계에 시간을 투자하고 있는가?

실제로 하나님이나 하나님이 사랑하시는 사람들과 시간을 보내지 않는다면, 하나님을 사랑하고 그분이 중요하게 여기시는 것들을 우리도 중요하게 여긴다고 말해 봐야 아무 소용이 없다.

가끔 만나서 시간을 보내는 것을 말하는 게 아니다. 어쩌다 한 번씩 달리는 사람들은 달리기를 썩 잘하지 못한다. 마찬가지로 어쩌다 한 번씩 하나님과 대화하는 그리스도인은 하나님과의 관계가 썩 좋지 못하다. 다른 사람들을 사랑하는 것에 관한 한, 그 사람과 반복적으로 시간을 보내는 것이 서로에 대한 친밀도를 더 높인다는 사실을 기억하라. 찻잔을 사이에 두고 어려운 상황 가운데 있는 친구를 격려하는 것은, 두 사람이 오랜 세월 동안 서로 삶을 나누고 신뢰를 쌓아 온 사이일 때 더 효과적이다.

낯선 노숙인에게 따뜻한 저녁 식사를 대접하는 것은 그들의 필요를 채워 줄 수 있다. 하지만 낯선 이와 함께 식사를 하는 데 따르는 어색함을 떨치기까지는 시간이 조금 필요하며, 그들이 노숙인이 된 사정을 알게 되기까지는 더 많은 시간이 필요하다. 교회에서 사람들과 미소를 주고받는 것도 좋지만, 그 미소는 서로의 짐을 져 주고, 서로의 눈물을 닦아 주며, 인생의 여러 굴곡을 통해 서로에게 하나님의 진리를 상기시켜 주는 데 시간을 쏟았을 때 훨씬 더 의미가 있다.

예수님은 십자가로 향하시기 전에 제자들이 알아야 할 모든 것을 알려 주시기 위해 주말 세미나를 열거나 하시지 않았다. 그분은 수년간 제자들과 삶을 나누셨다. 당신은 누구와 삶을 나누고 있는가?

또한 수년 혹은 수십 년간의 스케줄에 영향을 미칠 인생의 중요한 결정들도 있다. 우리는 교육과 직업, 결혼, 가족, 사는 집, 은퇴 이후의 삶을 어떻게 보낼지에 관한 결정을 해야 한다. 이런 결정을 할 때 당신은 어떤 요소를 중요하게 생각하는가?

주로 얼마나 많은 돈을 벌고, 얼마나 많은 즐거움을 누리고, 얼마나 많은 관심을 받고, 어떻게 역사에 이름을 남길지를 생각하는가? 아니면 어떻게 당신의 시간과 꿈을 오직 하나님을 알고 하나님이 사랑하시는 사람들을 사랑하는 데서 오는 영원한 보물에 투자할지를 생각하는가?

앞 장에서 보았듯 이런 작은 꿈들은 큰 꿈들 속에서도 빛을 발

할 수 있으며, 따라서 여기에는 일정한 공식은 없지만 방향은 있다. 그것은 바로 낮은 데로 내려가 다른 사람들을 섬기는 것이다. 세상이 하찮게 여기는 사람들과 우선순위들에 중점을 두고서 말이다.

재능

어떤 사람들은 경주를 시작할 때 더 잘 달리고, 어떤 사람들은 경주를 마칠 때쯤 더 잘 달린다. 어떤 사람들은 장거리 달리기를 더 잘하고 어떤 사람들은 단거리 달리기를 더 잘한다. 뛰어난 운동선수들은 자신의 강점을 알고 그것을 십분 활용한다. 클리프 영이 밤새 발을 질질 끌며 달린 것처럼 말이다. 그들은 또한 자신의 약점을 알고 그 약점을 보완할 수 있을 만한 무언가를 한다.

이것은 우리 앞에 놓인 인생이라는 경주에도 도움이 된다. 하지만 우리의 강점과 약점을 다른 사람들과 비교하지 않도록 조심해야 한다. 1장에서 나는 내가 '올라운더'라고 말했다. 내가 썩 잘하는 것들을 다른 사람들과 비교하면 대체로 평범하다는 뜻이다. 어쩌면 당신은 나와 달라서, 다른 사람들보다 더 뛰어난 능력들을 지녔을 수도 있다. 어쨌거나 중요한 것은 그게 아니다.

중요한 질문은 "누가 가장 뛰어난가?"가 아니라 "이 능력은 어디에 필요한 것인가?"이다. 만약 당신이 자신의 지위를 강화하고 다른 사람들에게 인정받기 위해 재능을 개발한다면, 당신이 다른 사람들보다 더 잘하는 것이 중요하다.

그러나 당신의 재능이 작은 꿈들을 위한 것이라면, 당신의 목표는 달라질 것이다. 당신은 다른 사람들보다 더 잘함으로써 당신이 상대적으로 더 뛰어남을 입증하는 대신, 다른 사람들이 그들의 잠재력을 발휘하고 하나님의 더 큰 이야기 안에서 그들의 자리를 찾도록 도울 수 있을 것이다. 때로는 그들이 당신보다 더 성공할 수도 있다.

이것은 경쟁이 아니다. 당신은 그들의 성공을 축하하고 어떤 식으로든 계속해서 그들을 돕고 다른 사람들을 도울 수 있다. 이것이 바울이 고린도전서 12장에서 그리스도의 몸에 대해 쓰면서 강조한 점이다. 그리스도의 몸 안에서 개인의 영광을 위해 경쟁하는 것은, 몸이 자기 자신을 상대로 싸우는 것과 같다. 우리에게는 그보다 더 나은 해야 할 일들이 있다.

이런 문제를 피할 수 있는 가장 좋은 방법은 애초에 당신의 능력과 다른 사람들의 능력을 비교하지 않는 것이다. 대신에 가장 중요한 작은 꿈들을 이루는 데 있어서 당신의 능력이 어떻게 도움이 되는지를 보라. 당신이 요리하는 것을 즐긴다면 요리 재능을 개발해서 사람들을 대접할 수 있을 것이다. 이를 위해 꼭 일류 요리사가 되어야 하는 것은 아니다. 당신이 언어에 천부적인 재능이 있다면 이민자들의 언어를 익혀 그들과 원활하게 소통하는 법을 배울 수 있을 것이다.

당신이 스포츠에 재능이 있다면 운동을 통해 지역사회 주민들과 친해질 수 있고, 동네 아이들에게 운동을 가르칠 수도 있으며, 개인의 영광이 아니라 하나님을 위해 사는 삶의 본을 보일 수 있을 것이다. 당신이 매우 체계적인 사람이라면 교회 목사님을 보다 효율적이고 효과적으로 도울 수 있을 것이다. 가능성은 무궁무진하다.

꼭 최고가 되어야 할 필요는 없다. 기꺼이 돕고자 하는 마음을 가지고 현장에 나타나기만 하면 된다. 내겐 앨라배마에 살면서 지역의 자선단체에 법률 자문을 해 준 공로로 상을 받은 친구가 있다. 그는 많은 사람이 그 일을 할 수 있었다고 말했다. 사실이다. 문제는 많은 사람이 그 일을 할 수 있었음에도 하지 않았다는 것이다. 그 자선단체에는 그 일을 할 수 있는 사람이 아니라 그 일을 할 사람이 필요했다.

만일 어떤 일이 할 만한 가치가 있다면 그 일을 제대로 해낼 수 있어야 한다. 그리고 그 일을 더 잘하는 법을 배우기 위해 시간과 노력을 투자할 수 있어야 한다. 필요한 훈련을 받으라. 도움이 되는 장비를 갖추라. 당신의 재능을 갈고닦아 당신이 도달할 수 있는 최고 수준에 이르도록 하고, 당신의 부족한 점 때문에 해야 할 일을 중도에 그만두는 일이 없도록 하라. 그리고 영원한 영광에 이르는 길은 낮아져서 다른 사람들을 섬기는 데 있다는 것을 기억하라. 당신의 재능은 작은 꿈들을 이루는 데 어떻게 도움이 되는가?

'해야 할 일'의 목록

내가 내 스케줄과 재능을 가지고 작은 꿈들을 향해 나아가려고 할 때면, 늘 방해가 되는 커다란 문제가 기다리고 있다. 그것은 바로 '해야 할 일'의 목록이다. 그 목록에 무엇이 있는지는 알 수 없지만, 당신에게는 해야 할 일의 목록이 있으며, 거기에는 식사 준비와 빨래, 서류 작업, 설거지, 장보기, 청소, 그리고 직장과 학교 생활에서 수행해야 할 일 등으로 가득하다는 것은 안다.

이 단조롭고 반복적인 일들은 거의 무의미하게 느껴진다. 마치 우리의 참된 꿈을 좇는 데 방해가 되는 잡다한 일들처럼 느껴지는 것이다. 끝없이 이어지는 해야 할 일의 목록은 끊임없이 우리의 소중하고 제한된 시간과 에너지를 빨아들인다. 당신의 작은 꿈들은 끊임없이 주의를 분산시키는 것들의 침입에 살아남을 수 있을까?

물론이다. 당신의 꿈이 하나님과 사람들을 온전히 사랑하는 것이라면, 당신은 일상생활에서 끊임없이 요구되는 일들이 결코 주의를 산만하게 하는 게 아니라 기회임을 알게 될 것이다. 규칙적인 식사와 깨끗한 옷이 제공되는 가정은 하나님의 보살피심과 공급하심의 구체적이고 반복적인 표현일 수 있다. 잘 해낸 일은 그 일이 아무리 단조롭게 느껴져도 하나님께서 그분이 만드신 세상을 위해 끊임없이 하시는 일의 반복일 수 있다.

생각해 보라. 하나님은 지루하다고 그만두거나 불평하시는 일 없이 늘 같은 방식으로 새들을 먹이시고 식물에 물을 주신다. 하나님은 이런 일에 싫증이 나지 않으시는 게 틀림없다. 하나님은 그분의 나라가 커 가는 모습을 작은 겨자씨 한 알이(눅 13:18-19) 커 가는 모습과 비교하시며 같은 형태로 그분의 영원한 나라를 만드시기 때문이다. 예수님은 제자들에게 하나님께 "오늘 우리에게 일용할 양식을 주시옵고"(마 6:11)라고 기도하라고 가르치셨다.

이는 하나님도 날마다 하시는 일이 있음을 보여 준다. 하나님은 인내심 강한 정원사나 양 떼를 돌보는 양치기처럼 꾸준하고 묵묵하게 그리고 반복적으로 그분이 창조하신 세상과 사람들을 돌보신다. 우리가 하나님의 사랑과 같은 사랑을 보여 줄 수 있는 것도 대개 일상적인 일의 반복을 통해서이다. 여기에는 우리의 삶에서 너무나도 많은 부분을 차지하는 해야 할 일의 목록도 포함된다. 해야 할 일의 목록은 우리를 방해하는 것이 아니다. 거기에는 작은 꿈들을 좇아 열심히 달릴 방법들이 가득하다.

수고

나는 여기서 달리기를 하나의 예로 사용했다. 달리기는 성경에도 나오는 좋은 예이기 때문이다. 그렇지만 나는 딱히 달리기를 좋아하지는 않는다. 힘이 들기 때문이다. 달리다 보면 땀이 나서 멈추고 싶다. 그러나 달리기가 아니라 내 인생에 관한 이야기가 되면 마음가짐이 달라진다. 하나님이 나를 지으신 이유는 세상에서 내게 허락된 시간 동안 여유롭게 산책하는 것 이상의 무언가를 위해서라는 생각 때문이다. 우리에게는 휴식을 취해야 할 때도 있고, 즐길 수 있는 선물도 많이 있지만, 하나님께서 나를 위해 예비하신 것을 향해 달려야 할 폿대가 있다. 이는 매우 힘들지만, 그 상급은 힘들게 달릴 만한 가치가 있다.

시대의 흐름을 거슬러 사는 것은 쉽지 않은 일이다. 삶과 관계의 구체적인 부분에서 하나님과 다른 사람들을 섬기는 데 헌신하는 것은 힘들고 피곤한 일이다. 우리가 다른 사람들을 섬기는 데 헌신한다면, 어떤 사람들은 고마워하겠지만 어떤 사람들은 고마워하지 않을 것이다. 어떤 사람들은 우리가 그들을 위해서 한 일을 알아차리지도 못할 것이고, 또 어떤 사람들은 우리에게 섬김을 받는 것을 당연한 권리로 생각할 것이다. 사람들이 예수님을 어떻게 대했고 지금까지도 어떻게 대하고 있는지 보라.

그리고 예수님이 여기에 어떻게 반응하셨는지 보라. 예수님은 자신이 어디로 가고 있으며 왜 가고 있는지 아셨기에 사람들이 뭐라고 하든, 어떤 어려움이 닥치든 늘 한결같으셨다. 그분은 "그 앞에 있는 기쁨을 위하여 십자가를 참으사 부끄러움을 개의치 아니하"셨다(히 12:2).

예수님은 그분이 쓰시는 구원과 회복의 이야기가 그런 수고와 희생을 할 만한 가치가 있음을 아셨다. 그 이야기 안에서 당신이 맡은 부분 역시 가치가 있다. 그것은 날마다 당신의 시간을 드려 하나님을 사랑하고, 당신의 재능으로 다른 사람들을 섬기고, 당신의 수고로 하나님이 창조하신 세계를 돌보고, 당신이 가진 모든 것을 하나님의 영원한 나라에 투자하는 힘든 일을 할 만한 가치가 있다.

09

DREAM SMALL

작은 꿈의
큰 상급

보물의 발견
자유의 발견
작은 꿈을 꾸라

천국은 마치 밭에 감추인 보화와 같으니
사람이 이를 발견한 후 숨겨 두고 기뻐하며 돌아가서
자기의 소유를 다 팔아 그 밭을 사느니라 (마 13:44).

"가구를 판다고요? 전부 다요? 그러면 우리는 어디에 앉아요? 어떻게 생활하냐고요!"

그녀는 남편을 노려보았다. 남편이 정신이 나간 걸까? 그는 그날 아침에 출근할 때만 해도 정상적이고 이성적이며 열심히 일하는 사람이었다. 그런데 지금은 미치광이처럼 쓸모없는 땅을 사기 위해 그들이 가진 모든 것을 팔려고 한다.

"가구 따위가 다 뭐라고…. 우리는 집도 팔 거야. 차도 팔고."

남편이 말했다.

그녀는 포크를 내려놓았다. 음식이 넘어가지 않았다. 남편은 이를 알아차리지 못하고 말을 이었다.

"어쩌면 결혼반지를 전당포에 맡겨야 할 수도…."

"그만 해요. 아이들이 놀라잖아요. 농담하는 거라면, 당신은 선을 넘었어요. 전혀 재미있지 않아요."

"농담이 아니야, 여보."

남편의 얼굴은 그의 말이 사실임을 말해 주었다.

"그 밭에 대해서는 당신이 잘못 생각한 거야. 보잘것없어 보여도 쓸모없진 않아. 그곳엔 보물이 묻혀 있다고! 오늘 일하던 중에 발견했지. 보물이 얼마나 많던지…. 당신은 믿지 못할 거야. 사실 나도 믿기 힘들었으니까. 하지만 거기엔 보물이 있어. 걱정하지 마, 다른 누구도 보지 못했으니까. 사람들이 오기 전에 내가 다시 잘 덮어 두었거든."

그는 흥분해서 말이 빨라졌다.

"그 밭을 살 만큼의 돈을 모을 수만 있다면 그 보물은 우리 거야, 전부 다! 그러면 우리는 필요한 것 전부와 그보다 훨씬 더 많은 것을 갖게 될 거야. 이 보물은 우리의 모든 소유와 앞으로 가질 수 있는 전부를 합친 것보다 더 큰 가치가 있어. 우리는 부자야, 상상도 못 할 만큼…. 게다가 우리가 해야 할 일은 우리의 모든 소유를 포기하는 것뿐이야!"

예수님은 말씀하셨다.

"천국은 마치 밭에 감추인 보화와 같으니 사람이 이를 발견한 후 숨겨 두고 기뻐하며 돌아가서 자기의 소유를 다 팔아 그 밭을 사느니라"(마 13:44).

천국은 내키지 않는 마음으로 하는 자기희생이나 오랜 고통, 괴로운 의무로 이루어진 나라가 아니다. 천국은 사람들이 일반적으로 하는 것과는 반대되는 일, 이를테면 모든 소유를 포기하는 그런 일을 하되, 순수하고 충만하며 그치지 않는 기쁨으로 하는 나라다. 왜 기꺼이 모든 소유를 포기하느냐고? 천국의 알려지지 않은 풍요에 비하면, 우리의 모든 소유는 아무것도 아니기 때문이다. 우리의 정체성이 확실하다면, 하나님과 하나님이 쓰고 계시는 보다 큰 이야기를 위해 모든 것을 내어 드리는 일은 상실이 아니기 때문이다.

하나님의 양자가 되고 상속자가 되는 데는 다함이 없는 풍요가 깃들어 있다. 하나님은 만왕의 왕이요 만주의 주이시며, 만물의 창조주이시자 소유주이시고, 죄와 죽음과 고통과 슬픔을 이기신 전능하신 구세주이시고, 생명 그 자체이시며, 생수의 근원이시고, 모든 좋은 선물을 주시는 자비롭고 은혜로운 분이시다. 하나님은 그 자신이 최고의 보물이시며, 우리가 그분을 믿고 따르기만 하면 우리를 그분에게로 돌이키게 하시려고 자기 자신을 내어 주는 분이시다.

그런데 달리 무엇을 원하겠는가? 사용하면 닳는 스포츠카인가? 내가 그만두자마자 다른 누군가가 대신할 지위인가? 더 좋은 전망에 고급 소파가 있는 더 넓은 응접실인가? 말도 안 된다. 천국의 크고 영원한 보물을 가질 수 있는데, 가구 따위가 뭐 그리 중요하단 말인가? 지상에서 누리는 부를 어떻게 천국의 보물에 비하겠는가? 지상에서 누리는 명성을 어떻게 천국에서 누리는 영광에 비하겠는가? 지상에서 누리는 권력을 어떻게 그리스도와 함께 다스리는 특권에 비하겠는가(딤후 2:12)?

이 땅에서의 소유는 결코 영원하지 않으며, 우리의 삶 또한 짧다. 그러나 예수님은 우리의 삶과 우리가 가진 모든 것을 절대 없어지지 않는 영원한 보물에 투자하는 게 가능하다고 말씀하셨다. 그리고 우리를 위하여 "보물을 하늘에 쌓아"(마 6:20) 두는 게 가능하다고 말씀하셨다.

이는 비록 사람들이 알아주지 않더라도 그분의 나라에 투자하면, 지상에서 돈으로 살 수 있는 그 어떤 것보다 더 좋은 상급을 받을 수 있음을 의미한다. 예수님은 작은 일에 충실한 사람은 천국에서 더 큰 일을 맡게 되리라고 말씀하셨다(눅 19:17). 그리고 스스로 낮아져서 다른 사람들을 섬기는 사람은 천국에서 영광스러운 자리에 오르리라고 말씀하셨다(마 23:11-12).

우리가 하는 일이 꼭 세상적인 기준에서 큰일이어야 할 필요는 없다. 꼭 세상의 성공 사다리를 올라야만 할 수 있는 일이어야 할 필요는 없다. 어쨌거나 세상의 성공 사다리는 영원하지 않다.

역사적으로 무수히 많은 사람이 하나님을 알고 섬기는 것에 비하면 다른 모든 것은 헛되다고 생각한 것도 당연하다. 내 증조부 호레이스 피치가 기독교청년회 문간에서 낯선 이들을 맞이하며 평생을 보낸 것도 그 때문이다. 그의 아들 로버트가 자신의 성공을 이용해 다른 사람들을 섬긴 것도 그 때문이다.

내 친구 낸시가 많은 사람에게 그녀의 집 열쇠를 나눠 준 것도 그 때문이다. 모세가 "하나님의 백성과 함께 고난 받기를 잠시 죄악의 낙을 누리는 것보다 더 좋아하고 그리스도를 위하여 받는 수모를 애굽의 모든 보화보다 더 큰 재물로"(히 11:25-26) 여긴 것도 그 때문이다.

이 사람들 그리고 그들과 같은 많은 사람이 스스로 꿈꿀 수 있는 그 어떤 것보다 더 나은 꿈을 보았으며, 그 이후로 결코 뒤돌아보지 않았다. 그들의 삶은 구세주의 섬김과 희생의 삶을 닮아 갔으며, 그리스도 안에서 그들이 누구이고 또 그들의 섬김이 그들을 어디로 인도할지를 아는 확신 속에서 자유롭게 흘러갔다.

이것이 사도 바울이 다음과 같이 말한 이유이다.

"만일 너희 믿음의 제물과 섬김 위에 내가 나를 전제로 드릴지라도 나는 기뻐하고 너희 무리와 함께 기뻐하리니 이와 같이 너희도 기뻐하고 나와 함께 기뻐하라"(빌 2:17-18).

바울은 '나는 고난을 받는 중이다. 나와 함께 기뻐하라.'고 말한다. 이는 사람들이 자신들의 고난에 목적이 있고 또 그로 인해 잃는 것보다 더 큰 상급이 있음을 알 때만 할 수 있는 말이다.

바울과 낸시, 호레이스 그리고 헤아릴 수 없이 많은 사람이 밭에 감추인 보물을 발견했고, 그것을 얻기 위해 모든 소유를 버렸다. 그리고 예수님의 이야기에 나오는 사람처럼 그들은 즉시 기쁨을 맛보았다. 아직 보물을 완전히 손에 넣기도 전에 말이다.

보물의 발견

우리도 동일한 기쁨을 맛볼 수 있다. 그것은 상황에 매인 기쁨이 아니라, 그리스도의 보물에서 비롯되는 기쁨이다. 즉, 행복은 우리의 계획대로 이루어지는 데 달려 있지 않다는 뜻이다. 행복은 하나님이 계획하신 것의 일부임을 아는 데서 오는 깊은 만족과 확신에서 비롯된다. 이 확신은 참된 만족이 자라나는 토양이다. 바울은 말한다.

"나는 비천에 처할 줄도 알고 풍부에 처할 줄도 알아 모든 일 곧 배부름과 배고픔과 풍부와 궁핍에도 처할 줄 아는 일체의 비결을 배웠노라 내게 능력 주시는 자 안에서 내가 모든 것을 할 수 있느니라"(빌 4:12-13).

그는 우리가 그리스도 안에 있으면 그 무엇도 "우리를 우리 주 그리스도 예수 안에 있는 하나님의 사랑에서 끊을 수 없"다고(롬 8:39) 말한다. 그리고 이와 같은 안전감은 그 안에서 평안이 염려를 이길 수 있는 터전이라고 말한다.

"아무 것도 염려하지 말고 다만 모든 일에 기도와 간구로, 너희 구할 것을 감사함으로 하나님께 아뢰라 그리하면 모든 지각에 뛰어난 하나님의 평강이 그리스도 예수 안에서 너희 마음과 생각을 지키시리라"(빌 4:6-7).

만족, 기쁨, 평화, 목적, 의미, 사랑. 이런 것들이 바로 큰 꿈들이 우리에게 가져다줄 것으로 기대되는 바가 아닌가? 그렇다. 하지만 큰 꿈들은 그 기대를 만족시키지 못한다. 예수님이 사다리를 거꾸로 놓으셨을 때, 그분은 우리가 찾고 있는 보물들과 그보다 훨씬 더 많은 것들이 밭에, 그리고 일상의 평범한 것들 속에 자라나는 겨자씨 같은 천국에 감추어져 있음을 보여 주셨다. 우리는 성공하면 의미 있는 삶을 살고, 널리 인정받고, 만족할 수 있으리라 생각했다. 그러나 성공하기 위해 위를 쳐다보며 서로를 딛고 올라서다 보면, 결국 우리가 찾는 것에서 멀어질 뿐이다.

나는 예수님의 이야기에 나오는 밭에 감추인 보물을 발견한 그 사람이 재산과 지위를 얻기 위해 열심히 일했으리라고 확신한다. 그러나 흙 속에 파묻힌 참된 보물을 본 순간, 그에게는 다른 무엇도 중요하지 않았다. 그는 전에 관심을 쏟았던 모든 것에 흥미를 잃고 오직 그 보물을 손에 넣고야 말겠다는 일념에 사로잡혔다.

그의 이웃들은 힘들게 일해서 장만한 모든 것을 팔아서 평범한 밭을 사는 그를 보고 미쳤다고 생각했을 것이다. 이웃들에게는 그가 성공을 위한 경쟁을 포기한 것처럼, 가치 있는 것을 알아보지 못하는 어리석은 사람처럼 보였을 것이다. 이웃들은 그가 참으로 가치 있는 것들이 묻혀 있는 장소에 관한 진실을 발견했다는 사실을 알지 못했다.

천국의 보물도 이와 같다. 천국은 아래를 내려다보고 일상의 평범한 일들에 충실한 사람들, 소소한 사랑의 행위에 기쁜 마음으로 시간과 에너지와 자원을 쏟는 사람들에게 돌아간다. 그들은 다른 사람들이 미처 알아보지 못하는 것들의 무한한 가치를 안다. 그들은 성공 사다리의 가장 낮은 곳에 있는 사람이 가장 높은 곳에서 살 기회보다 소중함을 안다. 그 사람을 섬기는 것이 곧 하나님을 섬기는 것임을 안다.

하나님께 더 가까이 다가가는 것이 다른 사람들에게 하나님처럼 대접받는 것보다 훨씬 더 나음을 안다. 하나님의 이야기에서 작은 역할을 맡는 것이 그들 자신이 쓸 수 있는 가장 훌륭한 이야기보다 나음을 안다. 그들은 참된 보물을 보았기에 세상이 하찮게 여길 꿈을 위해 기꺼이 모든 것을 버린다.

자유의 발견

이것이 자유다. 이 자유는 세상 사람 대부분이 말하는 자유와 다르다. 왜냐하면 그들은 이 같은 자유를 상상조차 할 수 없기 때문이다. 오늘날 너무나 많은 사람이 자율을 요구하고, 독립을 다른 무엇보다 가치 있게 여긴다. 자기실현에 이르는 유일한 길이 자신의 꿈을 명확히 하고 그 꿈을 좇는 것이라 여기기 때문이다.

달리 말하자면, 그들은 자유를 재산과 지위, 그리고 그들이 추구하는 의미와 행복을 가져다주는 것들과 연관 지어 생각한다. 그들은 밭에 감추인 보물을 보고도 그 가치를 알아보지 못해 그냥 지나치는 사람과도 같다. 그리고 그들은 가구를 더 좋아해서 더 많은 가구를 손에 넣으려고 열심히 일한다. 성경은 이런 사람들을 가리켜 '종'이라고 말한다.

> "그들에게 자유를 준다 하여도 자신들은 멸망의 종들이니
> 누구든지 진 자는 이긴 자의 종이 됨이라"(벧후 2:19).

개인의 자율로 향하는 길은 이루지 못할 꿈과, 참된 만족을 주지 못하는 일과, 진정한 가치를 알아보지 못한 채 보내는 박수갈채의 종이 되는 길이다. 예수님은 우리가 찾으려고 그토록 애써 왔던 모든 것을 자유롭게 주심으로써 이 시스템 전체를 뒤집으셨다.

예수님은 진정한 자유가 독립에 있지 않고 그분을 의지하는 데 있음을 보여 주셨다. 예수님은 "아들이 너희를 자유롭게 하면 너

희가 참으로 자유로우리라"(요 8:36)고 말씀하셨다. 그렇다. 예수님을 의지할 때 우리는 자유롭다. 한 점 티끌에 불과한 이 땅에서, 우리가 한 모든 일과 우리의 모든 것이 무언가를 의미하기에는 너무나 작고 하찮을지도 모른다는 끊임없는 불안으로부터 자유롭다.

비록 자격이 없을지라도 창조주의 사랑을 받아 누릴 만큼 자유롭다. 결코 마르지 않는 하나님의 사랑을 알고, 그 사랑을 다른 사람들에게 (비록 그들이 받을 자격이 없을지라도) 베풀 만큼 자유롭다. 하나님의 용서를 통해 죄책감과 수치로부터 자유롭다. 하나님께 받은 용서로 우리에게 잘못한 사람을 용서할 만큼 자유롭다.

스스로 업적을 쌓고, 삶의 목적을 찾고, 운명을 개척해야 한다는 중압감으로부터 자유롭다. 구속사에서 우리를 위해 주의 깊게 디자인된 역할을 감당할 만큼 자유롭다. 하나님의 큰 이야기를 위해 우리의 평판, 평안, 안전, 심지어 목숨까지 걸 만큼 자유롭다. 우리의 가치를 확고히 하려고 성공 사다리를 오르는 대신 사다리 아래쪽으로 내려가 다른 사람들을 섬길 만큼 자유롭다. 우리가 더 좋은 평판을 얻는 데 도움을 주기 어려운 사람들의 존재를 알아차리고, 그들과 친해지고, 그들을 사랑할 만큼 자유롭다.

다른 사람들의 의견이나 세상의 성공 기준에 구애받지 않고 살

만큼 자유롭다. 우쭐해지거나 우리가 얼마나 작은지 잊어버리는 일 없이 칭찬을 받아들일 만큼 자유롭다. 의기소침해지거나 우리가 얼마나 사랑받고 있는지 잊어버리는 일 없이 비난을 받아들일 만큼 자유롭다. 완벽한 삶을 위해 애쓰지 않고 있는 그대로의 삶을 즐길 만큼 자유롭다. 예수님이 이미 성취하셨고 장차 완성하실 승리에 대한 확신 속에서 열심히 노력할 만큼 자유롭다.

고통과 슬픔과 노화와 비극을 보면서도 그것들이 결코 우리의 의미나 장차 받을 상급을 파괴하지 못함을 확신할 만큼 자유롭다. 생산성이나 아름다움, 성공한 정도, 꿈의 크기로 우리를 평가하는 것으로부터 자유롭다. 세상이 대수롭지 않게 생각하는 작은 꿈들에서 밭에 감추인 보물을 찾을 만큼 자유롭다. 이처럼 우리는 이 세상 모든 것으로부터 진정으로 자유롭다.

작은 꿈을
꾸라

작은 꿈을 꾸기 위해서는 기다릴 필요가 없다. 재능을 입증하거나, 팀을 구성하거나, 면접을 통과하거나, 포트폴리오를 만드는 등의 일을 할 필요가 없다. 당신을 용서하고 다시 하나님께로 돌이키게 하는 데 필요한 모든 일을 예수님이 이미 다 하셨다. 따라서 당신은 예수님을 믿고 또 진정으로 가치 있는 것들과 의미 있는 삶에 관한 예수님의 말씀에 귀 기울이기만 하면 된다.

순종과 섬김, 겸손, 희생 같은 것들은 주변 사람들에게는 밭에 감추인 보물처럼 보이지 않겠지만, 그들이 어떻게 생각할지 염려하지 말라. 가구에 대해서도 염려하지 말고, 포기해야 할 다른 꿈들에 대해서도 염려하지 말라. 하나님은 세상에서 가장 큰 꿈들이 줄 수 있는 것 이상의 무언가를 위해 당신을 지으셨다.

당신이 이곳에 존재하는 데는 분명한 목적이 있다. 당신은 하나님의 완벽한 계획에 따라 주의 깊게 만들어졌다. 당신은 가장 위대한 이야기의 등장인물이고, 당신의 삶과 행동과 결정은 영원까지 큰 영향을 줄 수 있다. 하나님이 당신에게 맡기신 역할은 크고 공적인 것일 수도 있고, 보이지 않는 곳에서 묵묵히 일하는 것일 수도 있다.

여기에 대해 염려하지 말라. 당신은 그곳이 어디든지 당신이 처한 곳에서 하나님을 사랑하고 그분이 사랑하시는 사람들을 사랑할 수 있다. 이를 위한 좋은 방법들은 비천한 사람들에 대한 겸손한 섬김, 하나님과 함께하는 시간, 우리가 서로에게 하나님의 진리와 사랑 및 하나님이 쓰고 계시는 이야기를 상기시키는 등의 온갖 소소한 것들이다. 이는 매우 평범하고 일상적이며 간과하기 쉬운 방법들이다.

지금 당장 당신은 하나님을 영화롭게 하고 하나님이 그분의 형상대로 지으신 사람들을 이롭게 하는 데 중점을 두고 일함으로써 직장에서 작은 꿈을 꿀 수 있다. 당신은 천천히 그리고 꾸준히 필요한 것들을 공급하고, 섬기고, 사랑하기를 반복함으로써 가정에서 작은 꿈을 꿀 수 있다.

당신은 자신의 재능을 활용해 그리스도의 몸을 섬김으로써 교회에서 작은 꿈을 꿀 수 있다. 당신은 혼자 또는 다른 신자들과 함께 말씀 읽기와 기도에 힘씀으로써 작은 꿈을 꿀 수 있으며, 이를 통해 당신의 영혼이 하나님의 사랑과 진리에 푹 잠기게 하고 하나님이 바라시는 삶을 사는 데 필요한 힘을 얻을 수 있다.

당신은 가족을 위해 화장실 청소를 하고, 하나님의 형상대로 지음을 받은 병든 친척을 돌보고, 친구의 이야기에 귀 기울이고, 낯선 이를 돕고, 소외당하는 사람들에게 손을 내밀고, 돈을 기부하고, 시간과 관심을 쏟고, 당신의 강점과 재능과 약점과 평범함과 그 밖의 모든 것을 하나님과 그분이 사랑하시는 사람들의 나라를 위해 내어 줌으로써 작은 꿈을 꿀 수 있다.

이보다 못한 것에 만족하지 말라. "…너희도 상을 받도록 이와 같이 달음질하라"(고전 9:24). "모든 무거운 것과 얽매이기 쉬운 죄를 벗어 버리고"(히 12:1) 뒤돌아보지 말라.

당신이 태어나기도 전에 당신을 보시고 당신의 모든 날을 그의 책에 기록하신 하나님께 시선을 고정하라. 늘 신실하고 하나님과 다른 사람들을 사랑하는 "조용한 삶을 살고자 하는 야망을"(살전 4:11, 역자 번역) 가지라. 밭에 감추인 보물을 찾으라. 성공 사다리를 거꾸로 놓는 기쁨을 발견하라.

그리고 작은 꿈을 꾸라.

사명선언문

너희가 흠이 없고 순전하여……세상에서 그들 가운데 빛들로
나타내며 생명의 말씀을 밝혀 _ 빌 2:15-16

1. 생명을 담겠습니다
만드는 책에 주님 주신 생명을 담겠습니다.
그 책으로 복음을 신포하겠습니다.

2. 말씀을 밝히겠습니다
생명의 근본은 말씀입니다.
말씀을 밝혀 성도와 교회의 성장을 돕겠습니다.

3. 빛이 되겠습니다
시대와 영혼의 어두움을 밝혀 주님 앞으로 이끄는
빛이 되는 책을 만들겠습니다.

4. 순전히 행하겠습니다
책을 만들고 전하는 일과 경영하는 일에 부끄러움이 없는
정직함으로 행하겠습니다.

5. 끝까지 전파하겠습니다
모든 사람에게, 땅 끝까지, 주님 오시는 그날까지
복음을 전하는 사명을 다하겠습니다.

서점 안내

광화문점	서울시 종로구 새문안로 69 구세군회관 1층 02)737-2288 / 02)737-4623(F)
강남점	서울시 서초구 신반포로 177 반포쇼핑타운 3동 2층 02)595-1211 / 02)595-3549(F)
구로점	서울시 동작구 시흥대로 602, 3층 302호 02)858-8744 / 02)838-0653(F)
노원점	서울시 노원구 동일로 1366 삼봉빌딩 지하 1층 02)938-7979 / 02)3391-6169(F)
일산점	경기도 고양시 일산서구 중앙로 1391 레이크타운 지하 1층 031)916-8787 / 031)916-8788(F)
의정부점	경기도 의정부시 청사로47번길 12 성산타워 3층 031)845-0600 / 031)852-6930(F)
인터넷서점	www.lifebook.co.kr